中国国情调研丛书
乡镇卷
China's national conditions survey Series
Vol.Towns

中国国情调研丛书·乡镇卷
China's national conditions survey Series · **Vol.Towns**
主　编　裴长洪　刘树成　吴太昌
副主编　周　济

通向最具民生幸福感乡镇之路

——湖南省吉首市河溪镇经济社会发展调研报告

The Road to the Happiest Township in People's Livelihood:

Investigation on Economic and Social Development of Hexi Town, Jishou City,

Hunan Province

李仁贵　冷志明　丁建军　等著

中国社会科学出版社

图书在版编目（CIP）数据

通向最具民生幸福感乡镇之路：湖南省吉首市河溪镇经济
社会发展调研报告／李仁贵等著．—北京：中国社会
科学出版社，2015.8
　ISBN 978-7-5161-6554-6

　Ⅰ.①通…　Ⅱ.①李…　Ⅲ.①区域经济发展—调查报告—
吉首市②社会发展—调查报告—吉首市　Ⅳ.①F127.644

　中国版本图书馆 CIP 数据核字（2015）第 160087 号

出 版 人	赵剑英
责任编辑	冯春凤
责任校对	张爱华
责任印制	张雪娇

出　　　版	中国社会科学出版社
社　　　址	北京鼓楼西大街甲 158 号
邮　　　编	100720
网　　　址	http：//www.csspw.cn
发 行 部	010-84083685
门 市 部	010-84029450
经　　　销	新华书店及其他书店

印　　　刷	北京君升印刷有限公司
装　　　订	廊坊市广阳区广增装订厂
版　　　次	2015 年 8 月第 1 版
印　　　次	2015 年 8 月第 1 次印刷

开　　　本	710×1000　1/16
印　　　张	14.75
插　　　页	2
字　　　数	206 千字
定　　　价	56.00 元

凡购买中国社会科学出版社图书，如有质量问题请与本社营销中心联系调换
电话：010-84083683

中国国情调研丛书·企业卷·乡镇卷·村庄卷

总 序

陈 佳 贵

　　为了贯彻党中央的指示，充分发挥中国社会科学院思想库和智囊团作用，进一步推进理论创新，提高哲学社会科学研究水平，2006 年中国社会科学院开始实施"国情调研"项目。

　　改革开放以来，尤其是经历了近 30 年的改革开放进程，我国已经进入了一个新的历史时期，我国的国情发生了很大变化。从经济国情角度看，伴随着市场化改革的深入和工业化进程的推进，我国经济实现了连续近 30 年的高速增长。我国已经具有庞大的经济总量，整体经济实力显著增强，到 2006 年，我国国内生产总值达到了 209407 亿元，约合 2.67 万亿美元，列世界第四位；我国经济结构也得到优化，产业结构不断升级，第一产业产值的比重从 1978 年的 27.9% 下降到 2006 年的 11.8%，第三产业产值的比重从 1978 年的 24.2% 上升到 2006 年的 39.5%；2006 年，我国实际利用外资为 630.21 亿美元，列世界第四位，进出口总额达 1.76 亿美元，列世界第三位；我国人民生活水平不断改善，城市化水平不断提升。2006 年，我国城镇居民家庭人均可支配收入从 1978 年的 343.4 元上升到 11759 元，恩格尔系数从 57.5% 下降到 35.8%，农村居民家庭人均纯收入从 1978 年的 133.6 元上升到 2006 年的 3587元，恩格尔系数从 67.7% 下降到 43%，人口城市化率从 1978年的 17.92% 上升到 2006 年的 43.9% 以上。经济的高速发展，必然引起国情的变化。我们的研究表明，我国的经济国情已经逐渐从一个农业经济大国转变为一个工业经济大国。但是，这只是从总体上对我国经济国情的分析判断，还缺少对我国经济国情变化分析的微观基础。这需要对我国基层单位进行详细的分析研究。实际上，深入基层进行调查研究，坚持理论与实际相结合，由此制定和执行正确的路线方针政策，是我们党领导革命、建设与改革的基本经验和基本工作方法。进行国情调研，也必须深入基层，只有深入基层，才能真正了解我国国情。

为此，中国社会科学院经济学部组织了针对我国企业、乡镇和村庄三类基层单位的国情调研活动。据国家统计局的最近一次普查，到 2005 年底，我国有国营农场 0.19 万家，国有以及规模以上非国有工业企业 27.18 万家，建筑业企业 5.88 万家；乡政府 1.66万个，镇政府 1.89 万个，村民委员会 64.01 万个。这些基层单位是我国社会经济的细胞，是我国经济运行和社会进步的基础。要真正了解我国国情，必须对这些基层单位的构成要素、体制结构、运行机制以及生存发展状况进行深入的调查研究。

在国情调研的具体组织方面，中国社会科学院经济学部组织的调研由我牵头，第一期安排了三个大的长期的调研项目，分别是"中国企业调研"、"中国乡镇调研"和"中国村庄调研"。"中国乡镇调研"由刘树成同志和吴太昌同志具体负责，"中国村庄调研"由张晓山同志和蔡昉同志具体负责，"中国企业调研"由我和黄群慧同志具体负责。第一期项目时间为三年（2006—2008），每个项目至少选择 30 个调研对象。经过一年多的调查研究，这些调研活动已经取得了初步成果，分别形成了

《中国国情调研丛书·企业卷》、《中国国情调研丛书·乡镇卷》和《中国国情调研丛书·村庄卷》。今后这三个国情调研项目的调研成果，还会陆续收录到这三卷书中。我们期望，通过《中国国情调研丛书·企业卷》、《中国国情调研丛书·乡镇卷》和《中国国情调研丛书·村庄卷》这三卷书，能够在一定程度上反映和描述在 21 世纪初期工业化、市场化、国际化和信息化的背景下，我国企业、乡镇和村庄的发展变化。

国情调研是一个需要不断进行的过程，以后我们还会在第一期国情调研项目基础上将这三个国情调研项目滚动开展下去，全面持续地反映我国基层单位的发展变化，为国家的科学决策服务，为提高科研水平服务，为社会科学理论创新服务。《中国国情调研丛书·企业卷》、《中国国情调研丛书·乡镇卷》和《中国国情调研丛书·村庄卷》这三卷书也会在此基础上不断丰富和完善。

2007 年 9 月

中国国情调研丛书·乡镇卷

序 言

中国社会科学院在 2006 年正式启动了中国国情调研项目。该项目为期 3 年，将于 2008 年结束。经济学部负责该项目的调研分为企业、乡镇和村庄 3 个部分，经济研究所负责具体组织其中乡镇调研的任务，经济学部中的各个研究所都有参与。乡镇调研计划在全国范围内选择 30 个乡镇进行，每年 10 个，在 3 年内全部完成。

乡镇作为我国最基层的政府机构和行政区划，在我国社会经济发展中，特别是在城镇化和社会主义新农村建设中起着非常重要的作用，担负着艰巨的任务。通过个案调查，解剖麻雀，管窥蠡测，能够真正掌握乡镇层次的真实情况。乡镇调研可为党和政府在新的历史阶段贯彻城乡统筹发展，实施工业反哺农业、城市支持乡村，建设社会主义新农村提供详细具体的情况和建设性意见，同时达到培养人才，锻炼队伍，推进理论创新和对国情的认识，提高科研人员理论联系实际能力和实事求是学风之目的。我们组织科研力量，经过反复讨论，制定了乡镇调研提纲。在调研提纲中，规定了必须调查的内容和自选调查的内容。必须调查的内容主要有乡镇基本经济发展情况、政府职能变化情况、社会和治安情况三大部分。自选调查内容主要是指根据课题研究需要和客观条件可能进行的各类专题调查。同时，调研提纲还附录了基本统计表。每个调研课题可以参照各自调研对象的具体情况，尽可能多地完成和满足统计表所规定的要求。

每个调研的乡镇为一个课题组。对于乡镇调研对象的选择，我们没有特别指定地点。最终确定的调研对象完全是由课题组自己决定的。现在看来，由课题组自行选取调研对象好处很多。第一，所调研的乡镇大都是自己工作或生活过的地方，有的还是自己的家乡。这样无形之中节约了人力和财力，降低了调研成本。同时又能够在规定的期限之内，用最经济的支出，完成所担负的任务。第二，在自己熟悉的地方调研，能够很快地深入下去，同当地的父老乡亲打成一片、融为一体。通过相互间无拘束和无顾忌的交流，能够较快地获得真实的第一手材料，为最终调研成果的形成打下良好的基础。第三，便于同当地的有关部门、有关机构和有关人员加强联系，建立互惠共赢的合作关系。还可以在他们的支持和协助下，利用双方各自的优势，共同开展对当地社会经济发展状况的研究。

第一批的乡镇调研活动已经结束，第二批和第三批的调研将如期进行。在第一批乡镇调研成果即将付梓之际，我们要感谢经济学部和院科研局的具体安排落实。同时感谢调研当地的干部和群众，没有他们的鼎力支持和坦诚相助，要想在较短时间内又好又快地完成调研任务几乎没有可能。最后要感谢中国社会科学出版社的领导和编辑人员，没有他们高效和辛勤的劳动，我们所完成的乡镇调研成果就很难用最快的速度以飨读者。

目 录

第一章

河溪镇的自然地理、
历史沿革与经济社会发展概况

　　河溪镇隶属于湖南省湘西土家族苗族自治州首府吉首市，位于吉首市东南部，素有"吉首门户"之称。河溪镇历史悠久，人文古迹丰厚，水陆交通便利，水力资源丰富，工业相对发达，是湘西自治州 22 个工业强镇之一。同时，河溪镇非常重视民生改善，注重居民幸福感提升，是湘西自治州唯一获得"湖南省最具民生幸福感乡镇"称号的乡镇。河溪镇虽然人口不多、经济规模不大、总体实力一般，但是作为集中连片特困区中发展较好的乡镇，具有典型性，是考察集中连片特困区经济社会发展特征的重要窗口。

第一节　吉首市概况

　　吉首市历史悠久，早在距今 6800 多年前的高庙文化时期就已有人类繁衍生息，春秋战国时期，人类活动频繁。秦时，市属黔中郡。汉时，属武陵郡沅陵县地。晋时，武陵郡属荆州。南朝（宋、齐）时，属郢州武陵郡。唐时，黔中观察使管 15 州，其中辰州辖泸溪、沅陵、麻阳、溆浦和辰溪县，市属泸溪县地。宋时，市属泸溪县，置镇溪寨（今吉首城区），为军事防地。元时，属辰州路泸溪县地。明时，属辰州卫。清时，设乾州厅，治乾州，属辰沅永靖道。嘉庆二年（1797 年），升为直隶厅。民国一年（1912 年），废厅，设乾城县，属辰沅道，县治仍为乾州。民国二十七年，湘西绥靖公署绥署设在乾州。1949 年，乾城县和平解放，属沅陵专区。1952 年，属湘西苗族自治区。1953 年，乾城县改名吉首县，县政府驻地按苗语称为吉首。从 1957 年起，属湘西土家族苗族自治州，吉首为州府驻地。1982 年，州政府撤销吉首县，设立吉首市，市辖地不变。目前，吉首市辖 4 个街道、5 个镇、9 个乡。人口增长较快，由新中国成立初期的 10 万人左右增加到 2012 年年末的 29.57 万人，常住人口 30.66 万人，约增长了两倍。全市城镇人口 21.59 万人，城镇化率 72.21%。全市人口出生率 11.77‰；死亡率 6.23‰，人口自然增长率 5.54‰（见图 1-1）。

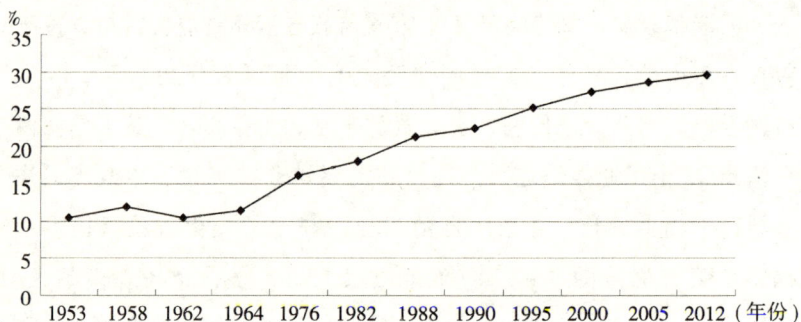

图 1—1　吉首市人口演变趋势（单位：万人）

资料来源：吉首市历年统计年鉴

吉首市地理坐标为北纬 28°08′—28°29′，东经 109°30′—110°04′。东西跨度 55.9 千米，南北跨度 37.3 千米，面积 1078.33 平方千米，市城区面积 30.43 平方千米。地貌以中低山和低山地貌为主，面积占全市面积的 80%，西北高，东南低，呈中山、中低山和低山三级梯降，西北部和东南部地区地势高差 824 米。城区地貌属于低山、丘、岗、平地区，地势较平坦，四周山坡平缓。乾州地势较开阔平坦，呈盆地状，四周为低山、岗、丘。吉首市气候属中亚热带季风湿润性气候，兼具大陆性气候，四季分明，冬暖夏凉，春秋温和，冬长秋短，夏季 40℃ 以上的气温极少出现。年均温度 16.6℃。年均降水日 164 天，降水量 1375.5 毫米。年均日照时数 1312.6 小时，无霜期 287 天。

吉首市水资源、动植物资源、旅游资源和矿产资源丰富。水资源方面，有大小溪、河 81 条，总长 550 千米；较大的河流 6 条，其中 4 条流入峒河（武水上游），2 条流入武水。主要河流有峒河、沱江、万溶江、司马河、丹青河以及洽比河等。动植物资源方面，陆生脊椎野生动物 42 科 108 种，其中鸟类 16 科 48 种、兽类 15 科 30 种、爬行类 6 科 16 种、两栖类 5 科 14 种。属国家一级保护的野生动物 2 种；属国家二级保护的 28 种；属省三级保护的 41 种。野生植物有木本植物 73 科 336 种。主要优势树种有 28 科 205 种，其中属国家一级重点保护的珍稀植物有 5 种；属国家二级重点保护的 11 种。旅游资源方面，有国家级风景名胜区矮寨德夯、乾州古城省级历史文化保护区以及烧龙、百狮会、鼓文化节等非物质文化遗产等生态文化旅游资源。矿产资源方面，已发现的矿藏有 26 个矿种，探明矿床地 117 处，其中保有储量达中型矿床 2 处、大型远景矿床 2 处、小型远景矿床 6 处、矿点 14 处。

吉首市交通区位明显改善。吉首市位于湖南省西部，湘西土家族苗族自治州南部，G319、G209 国道与枝柳铁路交会处，武陵山脉东麓，湘、鄂、渝、黔四省市边区中心，是贵阳—重庆—宜昌—长沙—柳州 500 公里半径内的城市网络中心点，东面是长、株、潭两型社会试验区，西面是重庆城乡一体化试验区，具有肩挑南北、承接东西的区位优势。吉首是国家"十二五"规划的全国 18 个高速公路县级节点城市之一，6 条建成与在建的高速公路在这里交会，吉长、吉怀、吉铜、吉茶、吉张、吉恩等 6 条高速公路构成了吉首"四通八达"的交通格局。周边有距吉首半小时里程的铜仁凤凰机场，距吉首 1 小时里程的张家界荷花机场，距吉首 2 小时里程的常德桃花机场和距吉首 2 小时里程的怀化芷江机场。焦枝铁路贯穿吉首，根据国家"十二五"规划，正准备修建焦枝铁路复线、吉恩铁路、秀吉益铁路以及国家正在研究论证的长渝高铁客运专线等（见图1—2）。

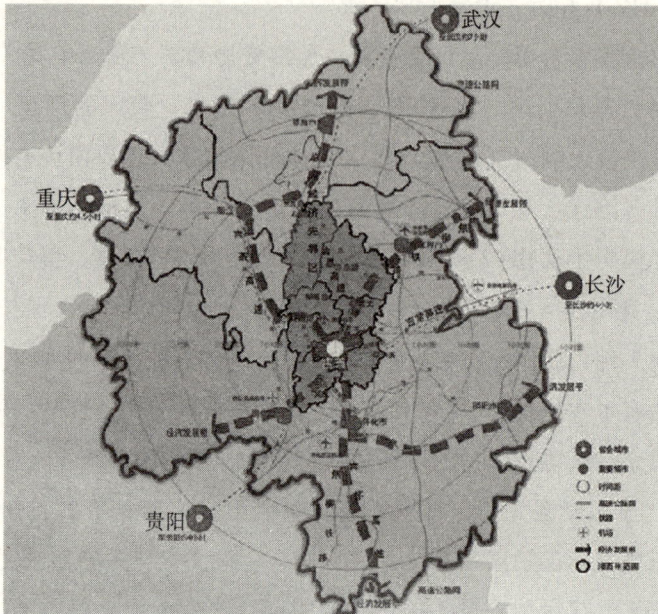

图1—2 吉首市交通区位图

资料来源：吉首市政府网站

吉首市具有五大政策叠加的优势，既可享受西部大开发政策、武陵山经济协作区政策、湖南关于湘西地区发展政策和扶贫开发政策的"西餐"，又可享受中部崛起政策的"中餐"，还可享受民族自治政策的"自助餐"。利用国家武陵山经济协作区、省扶贫攻坚主战场、州市共建州府的良好机遇，吉首市推出了民族文化旅游产业、现代服务业、矿产品精深加工业、农产品及加工业、生物科技产业、电子信息产品加工业、山区机械制造产业、建材加工业、新能源产业、环保循环经济产业等"十大"产业计划；推出了"谷韵吉首·神秘湘西"旅游精品品牌，"老爹"牌果王素、猕猴桃果汁系列，"神秘湘西"牌香醋及醋饮料系列，湘西富硒椪柑"吉首武陵红""湘西坊"牌产品系列，湖南省名牌"湘泉"牌肠康片、妇炎康片系列，酒鬼系列白酒，吉首"吉三鑫"牌氮化金属锰系列，"青龙山"牌超细锌粉，"武陵墨玉"大理石建材系列，"宗南"牌农用车等产品计划；推出了大学生创业孵化园、吉庄工业园、雅溪生物科技园、大田汽车产业园、大湘西物流园、吉首农产品物流园、河溪工业区、双塘工业区、吉首城北工业区、吉凤经济开发区"十大"园区计划。

吉首市经济社会发展正处于良好的发展态势，连续 8 年荣获"全国最具投资潜力百强中小城市"称号。2012 年，吉首市实现地区生产总值 961456 万元，增长 10.0%。其中第一、二、三产业增加值分别完成 51640 万元、332572 万元、580090 万元，分别增长 3.9%、9.2%、11.0%。三次产业结构比由上年的 5.7:35.4:58.9 调整为 5.1:34.6:60.3。财政总收入 71238 万元，增长 15.6%。近年来，吉首市遵循山区特点、民族特色、时代特征的"三特"要求，坚持生态立市、工业强市、旅游兴市的"三市"发展方向，紧紧瞄准近期、中期、长期"三期"的努力目标，大力实施城市品牌战略，力争将吉首打造成为人口达到 50 万的中型城市，打造成湘、鄂、黔、渝四省市边区核心增长极，真正成为武陵山区民族民俗文化展示中心、商贸物流中心、区域工业加工中心、旅游集散中心。

2010 年以来，吉首市还实施了"城市品牌"战略，主要品牌语为"谷韵吉首，带您走进神秘湘西"；城市子品牌分别为"神奇谷（生态吉首）""神秘谷（文化吉首）""神仙谷（活力吉首）"。"神奇谷"主要围绕"生态环境""生态产业""生态奇观"进行打造；"神秘谷"主要围绕"文化蕴脉""文化名人""文化创新"进行打造；"神仙谷"主要围绕"活力生活家园""活力创业山城""活力休闲胜境"进行打造。

第二节　河溪镇简介

河溪镇历来是湘、鄂、渝、黔四省市边区商贸经济文化重镇之

图1—3　吉首市城市品牌宣传画

一，是湘西自治州22个工业强乡强镇之一，是吉首市的一颗璀璨明珠，位于吉首市东南部，距吉首城区19千米，素有吉首南大门之称。该镇在历届党委政府的团结和领导下，取得了一系列的荣誉称号，如"湖南省安全生产示范乡镇""湖南省'六好'乡镇（街道）""湖南省平安农机示范乡镇"和"湖南省最具民生幸福感乡镇"等。

图1—4　河溪镇鸟瞰图

河溪镇历史悠久，人文古迹丰厚。明代，境内设巡检司，后废。清乾隆年间，设塘。嘉庆二年（1797年），筑长城，配巡检、都司各一员。嘉庆五年（1800年），河溪营建都司衙门，辖洗溪营守备。民国元年，镇域为南乡一区。民国十一年，编为司马乡。民国二十七年，设河溪乡。民国二十九年，与司马乡并为河司乡。1950年，河溪乡属第四区。1953年，分为河溪乡、楠木乡、铁岩乡和张排乡。1956 年，四小乡合并建立河溪乡。1958 年，撤河溪乡建立太阳升人民公社。1960 年，称河溪公社。1984 年社改乡，同年 11 月撤乡建镇，驻地河溪村。几百年的历史沧桑巨变，赋予了河溪镇独具魅力的区位、资源优势。现存的人文古迹有清嘉庆二年的河溪古城遗址，持久村九脑遗址及八仙湖区、云谷寺院、古老建筑衙门、中老衙门、八仙阁、三圣宫、六王庙等，这些古迹具有很高的历史价值，为考证湘西历史提供了宝贵史料。此外，群众精神文明活动精彩纷呈，正月十五烧龙、地方阳戏、六月六龙舟赛等活动独具地方特色，吸引了来自四面八方的宾客。

河溪镇水陆交通便利，G319 国道贯穿全镇 6 个村，总长 18.6 千米，常吉高速公路穿境而过，并开设"吉首东"互通口。镇政府距市区 15 千米，东南接泸溪县潭溪镇，西邻双塘镇，北抵吉首和太平乡。地域总面积 98.5 平方千米，耕地总面积 14470 亩，其中水田 6462 亩，旱地 7778 亩。境内峒河、沱江、万溶江、司马河汇聚，拥有库区水域面积 5800 亩，水运线长 25 千米。河溪镇多属中山丘陵，溪河密布，沟壑纵横，多河谷坪坝，土质肥沃，气候温和，雨量充沛，适于各种农作物生产和发展畜牧水产养殖。境内盛产柑橘、红提、蔬菜、茶叶、西瓜、生姜、药材、鲜鱼等农产品。利用丰富的水力资源，该镇建有黄连溪电站、河溪电站、张排电站、阿娜电站、黄泥滩电站、司马电站等集群，装机容量达 17000 千瓦时左右，其中，装机容量 9600 千瓦水电站一座、250 千瓦镇办电站一座。同时，河溪镇拥有 5800 亩库区水面，是吉首市主要的水产养殖区。此外，河溪镇风光旖旎，景色迷人，其中独具民族特色的"八仙湖"旅游区和集休闲、农家乐于一体的"太阳岛"旅游区，是吉首市区居民休闲、娱乐、避暑的最佳胜地。

河溪镇共辖 11 个村、1 个社区，总人口 12836 人，其中男性 6464 人，占 50.3%；女性 6372 人，占 49.7%，基本趋于平衡。农业人口 12077 人，占 94.1%。非农业人口 759 人，占 5.9%。汉族 4084 人，占 32%，少数民族 8752 人，占 68%，其中土家族 7432

人，苗族 1343 人，其他民族 41 人；2012 年共出生 120 人，出生率为 8.22‰，死亡率 6.04‰，人口自然增长率 5.30‰，计划生育率为 95.8%。河溪镇年均气温 14.5℃，无霜期 340 天，年降雨量 1692 毫米。河溪镇所辖的 11 个村和 1 个社区分别为：马鞍村、阿娜村、张排村、持久村、新建村、楠木村、永固村、渔溪村、铁岩村、中岩村、岩排村和河溪社区。河溪镇所辖村（社区）2012 年基本情况一览如表1—1所示。

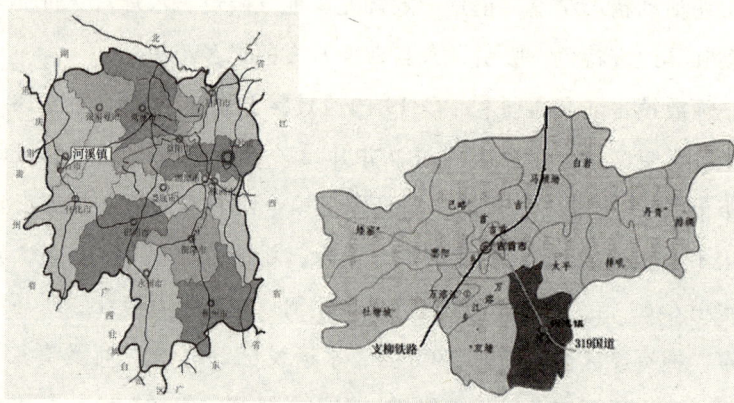

图1—5　河溪镇在湖南省及吉首市中的区位

表1—1　　河溪镇所辖村（社区）2012 年基本情况一览表

村名	面积（平方公里）	耕地（亩）	稻田（亩）	旱地（亩）	小组（个）	户	人	劳动力（人）	房屋数（间）
马鞍村	4.2	1035	489	546	7	208	895	487	64
阿娜村	14.3	1435	978	457	9	419	1663	930	125
张排村	11.5	1626	796	830	8	289	1190	720	91
持久村	5.4	1295	644	651	8	233	1076	633	82
河溪社区	15.6	1183.1	859	544	16	816	3176	1816	327
新建村	8.5	1224	476	748	9	196	816	540	67
楠木村	12	1637	593	1044	8	178	785	474	63
永固村	8.7	812	335	477	6	163	742	431	52
渔溪村	6.5	1100	511	589	7	201	878	477	65

村名	面积（平方公里）	耕地（亩）	稻田（亩）	旱地（亩）	小组（个）	户	人	劳动力（人）	房屋数（间）
铁岩村	7.3	1374	232	1142	8	162	909	502	64
中岩村	2.1	862	247	165	3	71	288	185	27
岩排村	2.4	887	302	585	5	99	418	261	32

河溪镇人口密度为每平方公里 137.77 人，人口密度最高的是马鞍村、河溪社区和持久村，人口密度分别为每平方公里 213.09 人、203.58 人和 199.25 人；楠木村、永固村和新建村人口密度较低，均低于每平方公里 100 人，分别为 65.41 人、85.28 人和 96 人/平方公里（见图 1—6）。河溪镇户均人口数为 4.23 人，铁岩村最高，户均人口数达到 5.61 人；其次是持久村和永固村，户均人口数也超过 4.5 人；较低的则是河溪社区和阿娜村，户均人口数分别为 3.89 人和 3.96 人。河溪镇的人口抚养比均值为 1.72，即 1 个劳动力需要抚养 1.72 个人，抚养比最高的渔溪村、马鞍村和铁岩村，抚养比分别为 1.84、1.83 和 1.81；抚养比最低的为新建村和中岩村，抚养比分别为 1.51 和 1.55。河溪镇的人均耕地面积为 1.46 亩，中岩村、岩排村和楠木村人均耕地面积较高，均超过 2 亩，最高的中岩村接近 3 亩；人均耕地面积最低的为河溪社区和阿娜村，分别为 0.37 亩和 0.86 亩。不过，在河溪镇的耕地面积中，旱地面积占比较高，为 53.75%，占比最高的是铁岩村，高达 83%；其次为楠木村、新建村，占比也达到 63.77% 和 61.11%；占比较低的为中岩村、阿娜村，分别为 19.14%、31.84%。河溪镇户均房屋拥有率为 0.34 间/户，河溪社区、铁岩村和中岩村房屋拥有率较高，分别为 0.40、0.39 和 0.38 间/户；最低的则是阿娜村，为 0.29 间/户（见图 1—7）。

在上述 12 个村、社区中，河溪社区人口和劳动力最多，国土面积最大，人口为 3176 人、劳动力为 1816 人、国土面积为 15.6

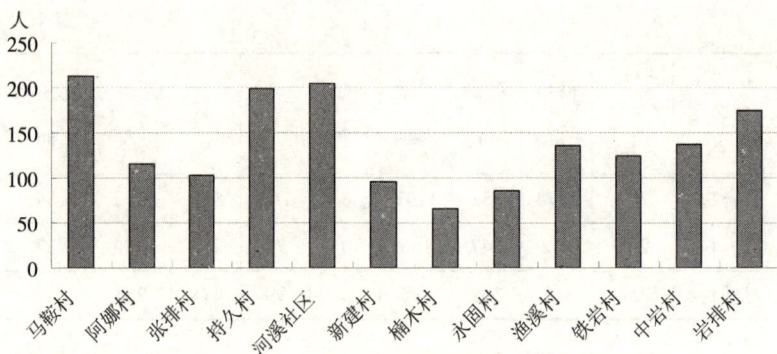

图1—6　河溪镇各村、社区人口密度对比图（单位：人/平方公里）

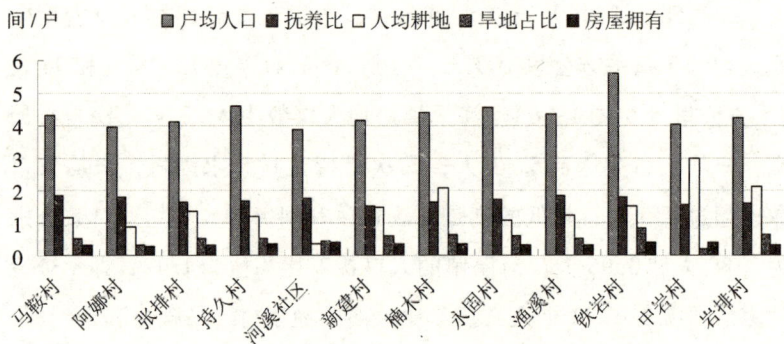

图1—7　河溪镇各村、社区主要基本指标对比图

平方公里，人口和劳动力数量占全镇的比例均接近25%。此外，阿娜村、张排村、持久村、马鞍村和铁岩村也是人口大村。其中，马鞍村是吉首市唯一的"湖南省新农村建设示范村"，以椪柑产业为支柱产业，成立了马鞍村富旺春椪柑专业合作社和马鞍村富民生态有限责任公司；阿娜村2012年被评为"湖南省民主法治示范村""吉首市综合治理先进单位"，和马鞍村一样，阿娜村产业也以椪柑种植业为主；张排村共有红提示范基地170亩，建成"太阳岛"假日休闲旅游区，走"农家乐"的经营模式，年接纳游客1万多人次，创收16万余元，2012年度被评为"全州人口和计育工作先进单位"；河溪社区是镇政府所在地，该社区交通便利、自然条件好，是全镇的政治、经济和文化中心，成立了丰裕隆茶叶专业合作社，种植黄金茶 1200 余亩。总体而言，河溪镇的 12 村（社区）中，离吉首市距离较近，G319 国道贯穿的村、社区相对发达，如马鞍村、阿娜村、张排村、持久村、河溪社区和新建村等；而相对偏远的渔溪村、铁岩村、楠木村、永固村、岩排村和中岩村则相对落后，特别是楠木村、渔溪村，是河溪镇的特困村和吉首市市定扶贫村（图 1—8）。

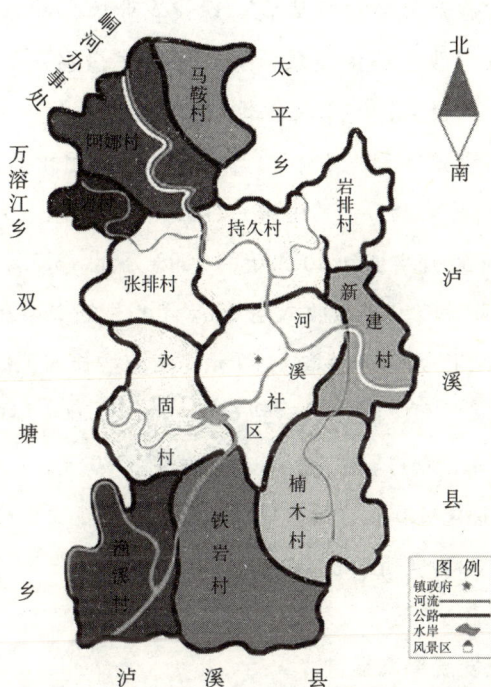

图 1—8 河溪镇 12 村（社区）空间分布图

第三节 经济社会发展总体概况

新中国成立以来，特别是改革开放以来，河溪镇围绕经济建设这一中心，坚持与时俱进，不断开拓创新，逐步探索出一条具有河溪特色的"工业富镇，产业富民，科技强镇，教育兴镇"的经济发展之路，初步形成了以"河溪镇二十公里工业长廊"及三大工业园区为支撑，以河溪电站、阳成木业、河溪电化厂、边城醋业等企业为龙头的资源型企业、循环企业、农产品精深加工企业、矿产品加工企业的四大工业体系；以马鞍村"省新农村建设示范点"为核心，"林果""经作""蔬菜""花卉苗木""网箱养鱼"的五大产业。河溪镇以"太阳岛""八仙湖"生态旅游区建设为依托，以提高农产品附加值为导向，引导农民发展"农家乐"休闲、体验农业，走"旅游区+农业基地"现代农业体系的发展道路。同时，河溪镇以"改善民生质量，提升居民幸福感，创建最具民生幸福感乡镇"为目标，推进社会事业的发展。

2012年河溪镇实现工农业生产总值43850万元，较2007年的30393.4万元增长35.5%，其中第一、二产业分别由2007年的3841万元、26552.4万元增加到2012年的5098万元、38752万元，同比增长32.7%、45.9%；财政收入由2007年8月的284万元，增加到2012年同期的358万元，净增74万元，年均增长6.5%；2012年河溪镇城镇居民人均可支配收入达到6850元，比2007年增长47.5%，年均递增384元，农村居民人均纯收入达到3280元，比2007年增长40.3%、年均递增210元。河溪镇对外开放水平全面提高，全年招商引资到位资金5200万元，比2007年增长55.8%。

一　工业发展突飞猛进

河溪镇始终把发展工业经济作为振兴全镇经济的主攻方向，不断优化投资软硬环境，拓宽经济发展新途径，工业经济得到快速发展。一方面，镇党委政府紧紧围绕"工业富镇"这个中心，抢抓国家"西部大开发"的发展契机，根据市委"东进南扩北提"的整体规划，提出了"以服务促进工业园区发展、以园区发展振兴工业建设、用工业发展带动全镇经济"的区域经济发展思路；另一方面，科学规划，细化完善工业园区功能，按照"一廊三组团"的工业园区规划，在G319国道沿线全力打造"河溪镇二十公里工业长廊"，并将这一"工业走廊"进行了科学细化，确定了河溪镇、马鞍山和张持等三大工业区。同时河溪镇充分发挥园区经济集聚效应，加强工业园区设施建设，改变单一的投资体制，多渠道吸引投资搞建设，培育产业集群。2007—2012 年间，河溪镇引进工业项目 18 个，招商引资到位资金 2.18 亿元，是前五年的 1.5 倍；企业发展后势强劲，科技含量逐步提高，资源型企业、循环型企业、农产品精深加工企业、矿产品加工企业等四大工业体系初步形成；橡胶、木材精深加工等新兴产业加快发展，9 家规模企业培育初显成效，投入产出效益明显增加。2012 年，边城醋业、河溪橡胶厂、阳城木业、山城纸厂等传统老企业发展势头良好，新上马入园的榜爷腊肉、大唐食品有限公司、新型墙体材料厂、华鑫气体冲装有限公司、黑豚养殖等产业项目建设进展良好。全镇工业总产值实现 38752 万元，企业实现增加值 7113.6 万元，企业上缴税金 928.7 万元，年均增加 33.3%、40.8%、18%。此外，随着年产 8 万吨电解锰园、2000 吨钒园、百里坪河溪新材料工业园的建设，河溪镇一跃成为吉首市工业第一镇将指日可待（图 1—9）。

图 1—9　河溪镇代表性企业

二　农业经济快速发展

围绕"农业增效、农民增收、农村稳定"的工作目标，河溪镇突出农业产业化建设这一重点，积极发展特色农业，农业经济发生了翻天覆地的变化，拥有了椪柑、水产、无公害瓜菜等具有比较优势的产业，发展了1500亩精养殖示范区、12000亩无公害椪柑基地及800亩大棚蔬菜基地，形成了以马鞍村新农村为核心的"林果""经作""蔬菜""网箱养鱼"四大产业园区。另外，依托交通优势，河溪镇积极引导农民发展城郊型农业和订单农业。如张排村利用优越的地理环境，大力调整农业产业结构，发展一村一品的集约化基地农业，把"湘西红提基地"作为特色农业科技示范园来抓，以产业化经营的理念进行生产，结合"太阳岛"生态旅游区建设，引导农民发展"农家乐"休闲、体验农业，走"旅游区＋农业基地"的发展道路，提高农产品附加值；库区网箱养鱼基地挂靠鮰鱼加工厂，实施"公司＋基地＋农户"的新型农业产业模式，公司提供技术、饲料和种苗，成鱼按保底价进行收购。同时，河溪镇政府适时推出一系列激励政策，鼓励养殖户发展精养网箱，提高产量。河溪镇通过大力发展农村合作经济组织，探索出以"企业＋村合作经济组织（协会）＋农户"的新型发展模式，全镇各类农村合作经济组织发展到11个。2012年河溪镇完成农业总产值5098万元，比2007年净增1284万元，年均增长16.4％；河溪镇加大农业产业结构调整力度，椪柑、蔬菜、网箱养鱼等支柱产业持续发展，花卉、红提特色产业蓬勃兴起，区域化布局、规模化生产、标准化管理持续深化，边城醋业等农产品龙头企业规模快速扩张，集群带动作用明显增强；河溪镇各类农村专业合作协会快速崛起，农民收入稳步提升；假日休闲经济迅速发展，"太阳岛"等休闲景区基础设施进一步完善，2012年，休闲景区累计接待游客1.5万人次，实现旅游收入16.5万元，同比2007年，景区接待游客人次增长50％、旅游收入增长65％，实现传统产业和新兴产业的同步发展。

图1—10　河溪镇农业产业基地

表1—2　　　　2012年河溪镇各村、社区基本农产品产出情况

村名	猪 （头）	羊 （头）	家禽 （只）	水稻 （吨）	薯类 （吨）	蔬菜 （吨）	柑橘 （吨）	瓜类 （吨）	油菜 （吨）	玉米 （吨）
马鞍村	533	30	4105	206	17	960	1390	482	28	77
阿娜村	1175	125	8538	411	47	905	1346	483	45	78
张排村	595	20	7454	335	20	1017	914	542	55	66
持久村	1700	138	9285	271	21	864	1006	386	55	81
河溪社区	1785	280	9120	362	65	722	977	278	58	67
新建村	510	210	5396	198	37	273	977	278	58	63
楠木村	358	355	4551	223	20	219	358	233	50	77
永固村	275	60	8100	131	5	251	163	243	37	32
渔溪村	225	50	9141	136	13	131	213	269	51	69
铁岩村	313	180	4145	213	19	164	248	238	51	69
中岩村	91	70	3560	104	20	328	344	263	36	61
岩排村	342	1308	3436	127	38	602	428	239	45	42

三　城乡面貌日新月异

按照"生产发展、生活宽裕、乡风文明、村容整洁、管理民

主"的新农村建设总体要求，河溪镇立足实际，狠抓基础设施建设，城乡面貌发生了翻天覆地的变化。一是小城镇基础设施进一步完善。依据小城镇总体规划，河溪镇着力提升作为中心镇的品位和档次，增强城镇聚集力，改善民生，总投资1000余万元的雁城街、客运站、镇政府办公楼、文化站大楼、卫生院门诊大楼、社区篮球场、公路沿线及镇区的53个垃圾围和垃圾处理场已投入使用；河溪公办幼儿园、新农贸市场、学校路等配套工程正在施工；河溪镇正积极筹划千套公租房建设工程，目前廉租房建设工程的第一期48套已建设完成；第二期96套、第三期96套正在建设中；廉租房片区已成为河溪镇区的"标志性建筑"。二是村级基础设施不断完善，河溪镇投资1500余万元完成渔溪、铁岩、永固、新建、楠木等村43公里村级公路建设；完成渔溪、楠木、马鞍、张排、阿娜等村24公里村级公路硬化，实现了公路村村通；河溪社区、永固、铁岩、渔溪等库区13个码头已建成投入使用，库区基础设施条件进一步改善；河溪镇进一步完善峒河人饮工程，完成张排村、河溪社区的饮水改造工作；完成铁岩、中岩、楠木村高低压线路改造，改善了信息网络；完成马鞍村清洁工程，改善了人居环境；目前全镇有线电视普及率均达到90%，每百人程控电话增加到42部，城镇居民生活条件明显改善。三是河溪镇实施"整脏治乱绿化"行动，修建垃圾中转场2个、垃圾填埋场1个、大型垃圾围2个、路边垃圾围150个，做到垃圾入围、日清月埋、集中处理，全镇卫生状况得到很大改善；河溪镇完成镇、村绿化60余平方千米，绿化率为67%，走进河溪，随处可见青山常青，绿水长流的景象。

四　社会事业统筹发展

河溪镇以"改善民生，提升居民幸福感"为导向，积极解决人民群众最关心、最直接、最现实的利益问题，力促全镇人民"学有所教、劳有所得、病有所医、老有所养、住有所居"。

1. 文化教育卫生事业迅速发展。2007—2012年河溪镇筹集资金 167.5 万元，兴建中心完小住宿楼、中心完小体育场，硬化河溪中学进校道路 1.3 千米，建设公办中心幼儿园，推动河溪中学校区改造建设，进一步改善办学条件；河溪镇完善小学毕业考试奖、初中教学奖等教育教学奖励机制，全面推进素质教育，加强教师队伍建设，提高办学质量，严格执行教育收费"一费制"，强化"控辍保学"措施，河溪镇小学入学率达到 99.7%、中学入学率达 98%；河溪镇开展新型农村合作医疗和城镇居民医保等工作，自 2007 年来，全镇参合总人数达 10402 人、参合率达 95%，共计住院人数达 1856 人次、门诊人数 7832 人次，兑现参合补助金 220 余万元，群众切实体会到了新型农村合作医疗带来的好处，较好地解决了农村群众和城镇居民看病难、看病贵、因病致贫、因病返贫等问题；河溪镇进一步强化疾病预防控制、计划免疫、传染病监测、妇幼保健工作，完成了全镇 14 个卫生室改建和镇中心卫生院扩建工作并通过验收；河溪镇农家书屋建设工程、文化信息资源共享工程、现代远程教育工作、农村电影放映工程有序开展；深入开展"整脏治乱"工作，建立健全集镇卫生管理机制，"脏、乱、差"情况明显改善。

2. 人口和计划生育工作取得新进展。2007—2012 年，河溪镇以"稳定低生育水平、提高人口素质"为核心，创新管理机制，强化工作责任，保障必要投入，提高符合政策的生育率，严格控制政策外多孩率，加强人口计生宣传教育和村民自治工作，抓好性别比治理和流动人口管理，全面落实利益导向政策，计划生育工作连续三年获湘西自治州先进荣誉称号。

3. 平安河溪创建工作扎实开展。河溪镇始终按照坚持和完善综治目标管理、扎实推进平安建设、全面排查调解化解矛盾纠纷、依法严厉打击严重刑事犯罪、完善社会治安防控体系、构建管理长效机制的工作思路，2007—2012 年间，河溪镇共计投入资金 30.4 万元，维修改建了信访综治维稳中心，顺利推动"五五""六五"普法工作，及时化解了大量矛盾纠纷，妥善解决了各类矛盾纠纷

851 起，调解成功率达 98%，确保了全镇重大节日期间社会稳定，基本做到重大矛盾不出乡镇。

4. 安全生产成效斐然。河溪镇重点开展了道路水上交通、食品药品、危化物品、烟花爆竹、消防等领域的专项整治，坚决遏制重特大事故发生，努力做到"宣传教育深入人心、准备工作超前到位、安全生产不留隐患"，确保安全生产形势持续稳定。2007—2012 年，全镇没有发生一起重特大交通事故，多次获得州、市安全生产先进乡镇称号，2010 年荣获"湖南省安全生产示范乡镇"荣誉称号。

5. 民政救助力度不断加大。河溪镇积极建立健全社会救助、疫病防疫、就业、就读保障体系，突出抓好新农保、新农合及失地农民、小集体企业社保工作，民政优抚、农村低保和农村特困户救助政策得到落实，新农保、新农合参合率保持在 80% 以上。河溪镇不断加大民政救助力度，自 2007 年来，共计发放救济粮 135 吨、救济款 556 万元、救济衣物 28963 件，帮助 1997 户困难群众渡过生活难关。

第四节　经济社会发展战略与思路概述

未来 5—10 年是河溪镇全面落实科学发展观，认真贯彻党的十八大精神，全面推进"工业富镇、产业富民、科技强镇、教育兴镇"的关键时期，更是承前启后、继往开来，构建和谐河溪、幸福河溪的重要时期。这一时期，河溪镇经济社会发展战略为：以党的十八大精神为指导，深入贯彻落实科学发展观，围绕"工业富镇、产业富民、科技强镇、教育兴镇"目标，突出"转方式、调结构、惠民生"三大工作要点，以工业增值、农业增收、财政增长为主线，坚持不懈地推进工业化、城镇化和农业产业化，着力提高政府效能，集中力量发展优势产业、完善基础设施，着力推进生态环境和社会事业建设，不断加强精神文明和民主法制建设，推动科学发展，促进社会稳定，加快建设和谐河溪、幸福河溪。河溪镇制定了如下预期目标：到 2017 年，全镇经济总量突破 15 亿元，年均增长 25%，财税收入达到 2500 万元，年均增长 8%；基础设施、社会事业投入突破 1100 万元，年均增长 20%；城镇居民人均可支配收入达到 12000 元，年均增长 12% 以上，农村居民人均纯收入年均增加 300 元；人口自然增长率控制在 7‰以内。

围绕上述发展战略和预期目标，河溪镇确立了如下发展思路：

一 突出工业主导地位，推进企业提质转型发展

以工业为主导，以园区为中心，推进"企业服务年"建设，加强企业环境综合治理，优化企业服务，夯实经济发展基础。继续实施 G319 国道"二十公里工业长廊"战略，积极促进湘西"榜爷"腊味、大唐食品有限公司等在建项目尽快完工投产，努力促成一批新材料、新能源等节能型、环保型企业落户河溪；深入推进园区带动战略，全力抓好百里河溪新材料工业园、马鞍物流产业园、张持工业园建设，依托园区资源招引优强企业，壮大园区经济，优化产业结构，提升经济实力。积极实施"强企强镇"战略，依托龙昇集团等实力强、技术优、理念新的龙头企业，大力推动锰、钒等产业规模化建设，强化上下游企业关联，延伸产业链条，将河溪打造成为湘西自治州乃至湖南省具有较大影响力的锰、钒产品加工基地。继续转变镇域企业经营理念，加快现有骨干企业技改力度，积极引导企业运用新技术、新工艺、新资源开发新产品，上马新项目，提升企业市场竞争力。

在产业布局上，河溪镇继续推进"一廊三组团"的工业格局（见图 1—11），加强工业园区基础设施建设，改革单一的投资体制，充分吸引多渠道投资搞建设，引导企业向园区集中，招引大企业、大集团入园兴业，培育产业集群，实现资源型企业、循环型企业、农产品精加工企业及矿产品加工企业等四个工业体系齐头并进的格局。其中，马鞍山工业组团为第二、三类工业用地为主的工业

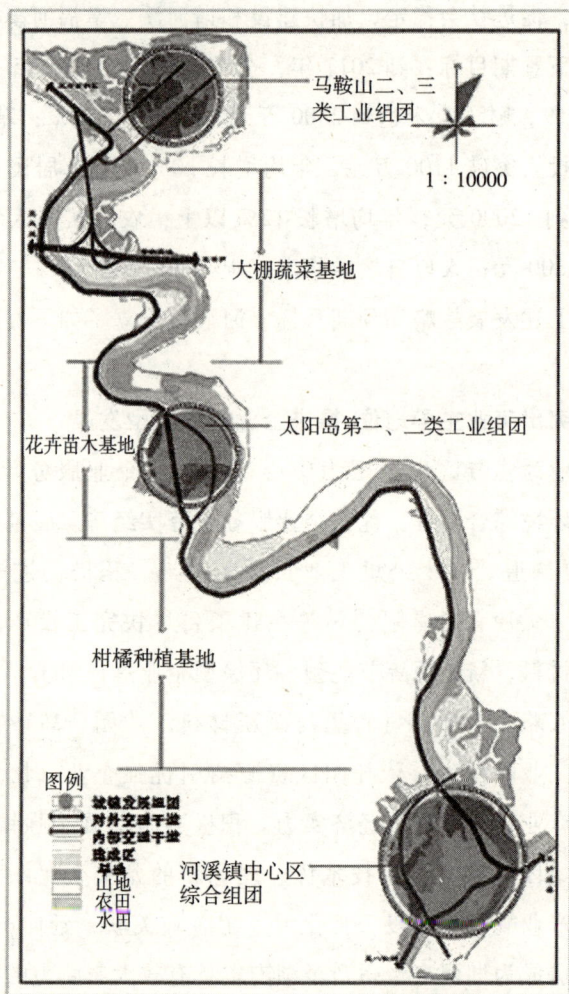

图 1—11　河溪镇"一廊三组团"发展规划

组团，重点安置从吉首市区外迁的及新引进的工业项目，同时结合常吉高速出入口，安排一部分仓储物流用地；太阳岛工业组团则利用 G319 国道良好的交通优势，形成与马鞍山工业组团相互补的第一、二类工业组团，结合太阳岛的景观资源开发成旅游景点，同时配套相应的商贸居住用地；河溪镇中心区综合组团是河溪镇的中心，将打造成河溪镇政治、经济、文化中心，以商业、文化居住用地为主，各种集中的服务设施为整个镇区提供服务，同时结合实际情况，安置一部分第一、二类工业用地。而在三大工业组团间，河溪镇依托大棚蔬菜基地、花卉苗木基地和柑橘种植基地三大基地大力发展特色农业。

二　做好工业"水文章"，促进循环经济集群发展

河溪镇内峒河、沱江、万溶江和司马河汇聚，水资源相当丰富，黄连溪电站、河溪电站、张排电站、阿娜电站、黄泥滩电站、司马电站等6个水电站集群构成了河溪以水为基础的特色工业。这6大电站，计划装机容量达1600千瓦时左右。充足的电力为河溪的工业发展提供了充足的清洁能源，积蓄了后劲，拓展了空间，是工业企业入驻河溪的重要吸引源。同时，河溪镇利用地处微生物带、富锶富硒地下水、库区网箱养鱼等独特的水资源优势，大力发展水资源综合型工业项目，如继续做大做强"醋城"项目，提升传统工艺醋、现代工艺醋、保健饮料醋及醋渣饲料的整体生产能力，围绕万吨级斑点叉尾鮰加工项目，利用库区大力发展水养殖业、渔业加工业，形成工业产业链，强化工业对农业的辐射带动作用。此外，河溪镇以湘西州唯一一家湖南省循环经济试点企业——河溪橡胶厂为龙头，集聚荣昌纸业、南翔废旧电器回收厂、浙江废旧电器回收厂、金迈电器回收厂等10余户技术力量强大、资金雄厚的废旧回收加工企业进驻"工业长廊"，形成"低投入、高产出、低消耗、少排放、能循环、可持续"的循环型工业、企业集群。

三　提升城镇品位，加快新型小城镇建设步伐

按照"统一规划、科学布局、分步实施、整体推进"的思路，河溪镇多举措加快小城镇建设步伐。河溪镇加快推进雁城街二期、河溪中学进校路、镇自来水厂技改及河溪新材料工业园区等重点基础设施的项目建设；积极落实千套公租房建设；加快推进百里大桥、黄泥滩大桥、池腊坪大桥等重要基础设施建设，扩大河溪城镇建设规模。以争创湘西州"整脏治乱"示范乡镇为契机，继续推

进以 G319 国道镇区段、雁城街、电站路周边为重点的镇区美化亮化绿化工作，深入实施镇区环境综合整治工程，努力营造文明卫生的集镇环境，完善镇区功能，改善镇区容貌。河溪镇尽快启动阿娜五组通组公路建设，努力争取河溪社区至硬寨公路硬化及硬寨至泸溪解放岩公路建设、大坳田至泸溪洞上公路改造、永固通村公路硬化及二期建设，全力构建便捷通达、路网完善、跨县通联的镇域交通网络体系。河溪镇加大以阿娜村为重点的"围城靠市"村寨建设，加快推进常吉高速"吉首东"出口周边绿化、亮化、美化建设，切实提升河溪城镇品位。

四　整合现有资源政策，发挥区位产业优势，做大做强专业合作社组织

一是用好政策。积极协调农经、国土、信用社等有关部门，在专业合作组织领照办证、场地征用、融通资金等方面给予扶持，在信息、项目技术等方面开启绿灯，力争在网箱养鱼、花卉种植、特色农业及椪柑、茶叶等农业优势领域新办专业合作组织 8—10 家。二是用活政策。围绕优势产业，采取政府扶持和政策引导相结合的方式，把专业合作组织"扶上马、引上路、送一程"。创造条件，鼓励有一定实力的专业合作组织向股份制企业发展，力争突破 1—2 家成为行业龙头带动企业；积极争取，在全力整合各种资源办好马鞍村专合组织"红色股份"试点基础上，力争再新办"红色股份"试点村社 1—2 个。三是强化引导。加强对专业合作组织的培训、指导，切实搞好配套服务，支持专业合作组织做大做强，依托农民专业合作组织的人员、技术、产品、基地资源兴办特色农庄，努力探索"专合组织 + 特色农庄"的发展路子，以专业合作组织发展引领全镇农业产业化提质升级。

五　深化惠民、利民、为民工程建设，构建良好干群关系

一是加强惠民事业建设。利用河溪浓郁的地方文化传统，继续办好"六月六"龙舟赛、正月十五"钢花烧龙"等特色民俗文化活动,促进地方文化事业发展;进一步规范农村公交车运营,推进移动信号全镇覆盖工程;加强食品、药品监管力度,不断提升人民群众生活水平。二是加快利民工程推进。加快河溪公办幼儿园、河溪中小学校园建设,优化教育资源配置;改善人居环境,完成楠木、永固、阿娜、岩排、坝头等饮水困难村组人畜饮水工程建设15处以上,完成村道硬化建设15千米以上。三是加紧为民工作的开展。深入开展"创先争优"活动,不断总结提炼长效机制,全面推进"学一技、联一户、解一难"活动,扎实推进镇村两级村务公开,全力打造"公开型、服务型、阳光型"政府,切实为群众办好事、做实事、解难事。

第二章

河溪镇农业经济发展状况

第一节　概　况

  河溪镇围绕"农业增效、农民增收、农村稳定"的工作目标，与时俱进，开拓进取，扎实工作，切实抓好各项农村工作，把"农民科技培训、服务技术产业、改善椪柑品质和提高椪柑产量"作为工作重点，努力实施科技兴农战略，着力构建具有河溪特色的农业经济，2012年河溪镇全年农业总产值达到了5098万元；农民人均收入3280元。

表2—1　　2006—2012年河溪镇农业总产值与农民人均纯收入

年份	农业总产值（万元）	农民人均纯收入（元）
2006	3771	2000
2007	3841	2101
2008	3933	2319
2009	4169	2525
2010	4398	2750
2011	4572	2970
2012	5098	3280

河溪镇在调整农村经济结构，提高农民收入，提升农村科技发展方面，采取了如下措施：

1. 大力推动农业示范项目建设，开展合作试验项目。在持久村黄泥滩完成了瓜—稻—菜精品示范项目30亩，建成蔬菜大棚基地50亩，红提新品种引进更新示范20亩。在永固村开发生姜示范项目100亩。河溪镇完成反季菜示范项目，在G319国道旁建成示范面积1000亩。在马鞍、阿娜两个村完成300亩椪柑低产改造示范。在岩排村、河溪社区完成100亩、200亩椪柑低产改造示范。河溪镇完成作物配方施肥1500亩，示范100亩；油菜育苗移栽下田2000亩，示范100亩；专业化防治示范水稻100亩。2012年全年引进水稻示范新品种24个、玉米新品种19个，在持久村进行试种总面积50亩。河溪镇还与湖南农业大学合作开展正规化试验项目1个、面积4亩、品种9个。

2. 注重病虫害专业化防治工作。全镇建立柑橘、红提专业化防治队伍5个，拥有机动喷雾器25台、专业队员50名，建立专业化防治示范片5个、专业化防治面积1000亩，专业化防治面积占红提总防治面积50%，椪柑面积15%，较农民自己防治的地块平均提高防效20.1%，平均每亩节约成本70.5元。

3. 加强农情汇报。对油菜、水稻、椪柑、红提、西瓜、香瓜、生姜和蔬菜等项目测产验收，把测产验收情况记录在案并及时上报。在农副产品营销工作中，河溪镇积极引进客商，组织营销大户进行营销。

4. 完善体系建设。加强村农技组、科技示范户的网络工作，并把马鞍村列为科技示范村、张排村1—2组列为红提示范基地、持久村列为蔬菜大棚基地，同时开展了"1+1"的科技入户工作。

5. 注重技术培训。河溪镇2012年全年组织农民技术员培训10期，食用技术培训32期、1530人次，技术咨询109次、累计3700人次，印发各种技术资料300份，报送农民技术员职称评定7人。

第二节　河溪镇的优质稻推广

随着人们生活水平的提高，对农产品的需求由数量型转变为质量型，对优质米的需求量也越来越大。根据此需求变化，河溪镇将优质稻推广作为重点项目，取得了显著的经济效益和社会效益。

表2—2　　　2006—2012年河溪镇粮食播种面积和总产量

年份		中稻	玉米	红薯
2006	播种面积（亩）	6400	2700	1100
	总产量（吨）	2560	1080	1650
2007	播种面积（亩）	6400	2300	1000
	总产量（吨）	2560	920	1500
2008	播种面积（亩）	6400	2000	800
	总产量（吨）	2560	800	1200
2009	播种面积（亩）	6400	2200	1000
	总产量（吨）	2560	880	1500
2010	播种面积（亩）	6400	2400	500
	总产量（吨）	2560	960	750
2011	播种面积（亩）	6400	2200	500
	总产量（吨）	2636	880	750
2012	播种面积（亩）	6400	2300	700
	总产量（吨）	2720	920	1050

一　优质稻推广规模

优质稻推广面积6400亩，推广渝香203、扬两优6号、丰两优香1号、深两优5814、T98优1号、丰两优4号、宜香481、中优117等优质稻组合。优质稻推广辐射到全镇11个村1个社区。每个村承办一个百亩优质稻丰产示范样板，并在各示范片内设置试验田和攻关丘。

经测产验收统计，2012 年全镇优质稻推广 6400 亩，总产 2720 吨，平均亩产 425 千克，比前三年全镇水稻亩产新增 25 千克，增长 10.62%；新增总产 160 吨，比去年水稻平均新增亩产 13 千克，新增产量 75.2 吨。

二　优质稻的示范绩效

在技术培训的同时，各村举办优质稻丰产示范样板，全镇共办丰产示范样板 12 个，面积 750 亩，平均亩产 510 千克。持久村的百亩优质稻丰产示范样板，平均亩产 535.2 千克，最高单产 563.7 公斤，比大面积优质稻亩增 45 公斤。

三　优质稻的技术措施

1. 适时播种。优质稻播种均在 4 月 5—15 日播种，最迟不超过 4 月 20 日。

2. 培育壮秧。优质稻一律采用旱育秧和"双两大"以避寒潮，在适当延长小苗秧龄的同时，狠抓插秧田的多蘖壮秧，为丰产打下良好基础。

3. 合理密植。采用宽行窄株或宽窄行窄株栽插，主攻分蘖成穗。

4. 科学施肥。施足底肥，早施分蘖肥，重施穗肥，补施壮籽肥。

5. 加强水浆管理。

第三节　林果产业

河溪镇大力发展的林果产业集中在椪柑和红提两个产品上，通过示范选点、科技培育、新技术采用等，林果产业成了河溪镇的支柱产业。

表 2—3　　　2006—2012 年河溪镇林果产业主要产品种植面积和产量

年份		椪柑	红提
2006	种植面积（亩）	7300	130
	总产量（吨）	7300	195
2007	种植面积（亩）	8000	170
	总产量（吨）	8000	255
2008	种植面积（亩）	8400	190
	总产量（吨）	8400	285
2009	种植面积（亩）	8400	220
	总产量（吨）	8400	330
2010	种植面积（亩）	8500	270
	总产量（吨）	8500	405
2011	种植面积（亩）	8500	300
	总产量（吨）	8500	450
2012	种植面积（亩）	8500	340
	总产量（吨）	8500	510

一　椪柑

椪柑产业是河溪镇的一大支柱产业，种植面积逾 9000 多亩，2012 年总产量达 8500 多吨。椪柑产业已成为河溪镇农村经济发展和农民群众增收的一项重要来源。河溪镇椪柑产业办对椪柑生产形式进行宣传和技术培训，创办椪柑优质培管示范点，加强椪柑的低改、品改示范工作。

1. 示范选点。椪柑优质培管示范区选在马鞍、阿娜两个村，总面积 150 亩，椪柑优质培管示范户设在马鞍村桐油坡、猪形坡、廖家坡、飞蛾坳椪柑基地。

2. 示范面积。核心示范大户 1 户，示范面积为 150 亩，辐射范围 300 亩，全镇和新示范点 10 个、示范户 20 个、示范面积 200 亩、辐射范围 2000 亩。

3. 示范工作措施。产业办根据椪柑的生长程度进行分类指导，对于管理好的橘园，主要采取修剪、施肥、翻地的办法，按技术要求进行叶面喷肥、病虫害防治、抹芽放梢等；针对管理差的老橘园，主要抓好露骨修剪及剪枝或锯干，并及时开沟、断根、施肥，选留主枝，防治病虫，保持橘树地上和地下平衡。在核心示范户、区中心示范点，镇产业办提供壮果肥及部分杀虫剂，确保示范效果和各项工作的顺利开展。河溪镇还组织一批农民技术员和有文化、爱钻研的果农进行技术培训，2012年上半年累计培训185人。

4. 推广柑橘大实蝇防治新技术。2011年河溪镇的普查结果显示，河溪镇柑橘大实蝇发生范围为12个村，发生总面积达7200亩，占柑橘栽培总面积的73%。虫果率在5%以下的有1.2万亩；虫果率处在5%—10%的有2100亩；10%—30%的有400亩；30%以上的有200亩。发生较为严重的村有马鞍、阿娜、河溪社区、持久和张排村。其中脐橙大实蝇发生面积为570亩，南丰发生面积为750亩。2011年河溪镇经济损失达16.5万元。

为有效控制柑橘大实蝇的传播蔓延，促进柑橘产业健康、持续发展，河溪镇积极开展宣传培训、普查监测、办点示范、成虫诱杀、虫果处理等防控措施。

新防治方法主要内容：（1）9—10月在橘园种植三叶草，或在果园保留矮秆杂草。（2）开展柑橘大实蝇成虫羽化期的预测预报，确定防治时间。（3）在成虫羽化期，对橘园及周围的三叶草或杂草喷施诱杀剂，诱杀羽化的成虫，有效控制害虫猖獗的发生。

5. 防治新技术的培训。河溪镇要求每个村的农民技术员参加"防治新技术基础知识和专业技能"培训，将新技术知识讲授和实践操作技能培训有机结合，让农民能够掌握柑橘大实蝇发育进度的调查方法，并根据调查数据较准确地预测柑橘大实蝇的成虫羽化期，确定防治时间。

6. 河溪镇的控防工作仍然存在一些问题。一是农业局扶持的经费及防控物资有限，只能在发生较严重的村开展办点示范，虫果处理量只达到受灾总量的 15%，处理范围存在大面积死角；二是劳动力缺乏，由于柑橘价格不稳定，农村大批劳动力向城镇转移，橘园出现抛荒的现象或进行粗放管理，给大实蝇以可乘之机；三是果农"等、靠、要"思想严重，全镇开展统防、群防和联防难度大。

二 红提

河溪镇政府自 2002 年做出发展葡萄种植业，建立葡萄生产基地的决定以来，2009 年河溪镇葡萄生产基地已发展到 200 亩左右，2012 年达到 340 亩。河溪镇种植的葡萄品种有五种，鲜食品种有红地球、黑玫瑰、大粒红无核、早熟红无核和美人脂，绝大多数葡萄品种长势旺、结果多、品质好。尤其红地球、美人脂葡萄，2005 年以来产品供不应求。河溪镇主要以张排村 1—2 组种植为主，栽培方式以避雨保护地设施栽培为主，农户零星种植还刚刚起步。河溪镇葡萄产业存在种植面积小、规模小、品种搭配不当等问题。其原因主要在于：一是种植配套一次性投入大、贷款难以到位、缺乏启动资金；二是种植葡萄费工费时，没有外出打工收入高；三是缺少储运保鲜及加工等龙头企业带动；四是缺乏科技意识和管理技术。

（一）河溪镇发展鲜食葡萄产业优势条件

1. 有生产优质葡萄的光、热、水、土条件。河溪镇气候适宜，光照充足，有效积温高，几年来通过引种、试种、推广，葡萄生长旺盛、着色浓、糖度高、品质好、病虫害发生极少、产品不打农药，是无污染的绿色食品，在市场上具有很强的竞争能力。河溪镇最佳栽培的适宜区为 2000 亩，但交通不便，有待开发的土地约 5000 亩，适合种植葡萄的地区，土地资源丰富。

2. 有良好的政策扶持。目前红提的发展，在吉首市乃至全州都是一个热点，党委政府决定，在未来几年加大投入，力争使葡萄种植业成为河溪镇生态特色高效农业的新型支柱产业。

3. 科技支撑产业发展。吉首市农业局经作站专家在河溪镇的葡萄栽培和管理方面进行技术指导、葡萄新品种的引种试验及推广工作。在引进推广优良鲜食葡萄方面，吉首市经作站、镇农技站积累了较多成功的技术和经验，在葡萄的越冬抗寒、设施栽培技术、节水灌溉技术、储藏保鲜技术方面都取得了不错的成果，为河溪镇发展鲜食葡萄提供了良好的技术保证。

（二）发展河溪镇葡萄产业化进程的措施

1. 积极引导农民参与生产，在政策和贷款上予以扶持。尽快开展鲜食葡萄产业技术开发的立项、示范推广工作。

2. 建立高质量、高效益的样板模式。实施科研与生产紧密结合，加大新技术推广力度，加强提高果实品质、肥水管理、保鲜储运、越冬防寒等方面的技术，多层面地引进新品种，开展试验田示范，同时成立葡萄专业合作社，由专家、农技干部、农户组成生产技术联合体，带动鲜食葡萄产业发展，力争到2015年达到3000亩的目标。

3. 适地发展、区域化布局。按照"统一规划、合理布局、相对集中、规模发展、高效高产优质"的原则，建立区域化专业生产基地，大力发展专业村、专业户，尽量连片种植，在品种的选择上，以村划片，形成一村一品的发展格局。

4. 组织技术培训，提高农民科技水平。组织种植户外出参观葡萄生产，常年聘请专家为顾问，定期举办技术培训班，到田间地头巡回指导，及时帮助农民解决葡萄生产中遇到的技术难题。

5. 多方筹措资金，建设保鲜库。以市场为导向，以效益为中心，以科技为依托，大力发展特色农业，进一步优化葡萄品种结构、区域化布局，实施规模化生产、产业化经营，主攻质量，把葡萄产业做大、做强，成为振兴河溪镇农业和农村经济的新型支柱产业。

第四节　经济作物

河溪镇的主要经济作物有西瓜、香瓜、油菜和生姜等，加强实用技术推广和扩大经济作物种植是河溪镇增加农民收入的主要渠道之一。

表2—4　　2006—2012年河溪镇主要经济作物播种面积和产量

年份		西瓜	香瓜	油菜	生姜
2006	播种面积（亩）	3200	1200	5400	2200
	总产量（吨）	4800	1200	810	2860
2007	播种面积（亩）	3500	1000	5400	2000
	总产量（吨）	5250	1000	810	2600
2008	播种面积（亩）	3000	1000	5400	1500
	总产量（吨）	4500	1000	810	1950
2009	播种面积（亩）	2700	1200	5000	1000
	总产量（吨）	4050	1000	750	1300
2010	播种面积（亩）	2500	1000	5000	500
	总产量（吨）	3750	1000	750	650
2011	播种面积（亩）	2000	500	4000	500
	总产量（吨）	3000	500	600	650
2012	播种面积（亩）	1000	500	4000	500
	总产量（吨）	1500	500	600	650

一　油菜

油菜是河溪镇的主要经济作物之一，常年播种面积在5400亩左右，是农民增收的主要渠道之一。随着物质文明及生活水平的不断提高，河溪镇为适应社会发展的要求，在油菜单产提升和品质改善上下功夫，重点推广优质良种和高产栽培技术，品种构成全部为杂交"双低"油菜。

为了选择好来年的接班良种，河溪镇在持久村黄泥滩进行了8个品种的比较试验。采取的措施有四个"统一"和五个"到位"。即统一品种：整个示范片内统一免费提供主推品种丰油792、华杂交9号、油研10号；统一育苗时间：育苗时间统一在9月20日前全部下种育苗；统一栽培技术：统一实行育苗移栽并示范推广油菜免耕直播技术；统一技术服务：项目实施中由技术员根据生产需要和农事季节统一技术指导，统一安排、统一指挥，人员配备到位，每个村分别配备一名技术人员，确保每个村级示范片都有专人负责；种子、肥料支持到位，由吉首市农业局解决好示范片实际生产中的种子、硼肥等问题；技术指导到位，农技站技术人员深入田头第一线，逐丘逐块地进行技术指导，使每项技术措施落实到位；样板推进到位，各村承办一个 10 亩丰产示范片，书记、镇长分管领导，技术人员承办高产示范指挥丘，以点带面地推动全镇油菜生产。任务落实到位，示范片内的稻田尚未有放荒现象，优质杂交油菜覆盖率达到 70％。

二　蔬菜

以市场为向导，推广无公害标准化生产，调整蔬菜品种结构，实施蔬菜产业化经营；建设无公害标准化基地；建立蔬菜生产安全用药指导小组，经常到田间地头指导用药，让市民吃上安全放心的蔬菜；大力开展科技兴菜，促进全镇蔬菜产业的持续发展。

2010 年河溪镇完成蔬菜播种面积 8100 亩，超额完成吉首市下达的目标任务 7900 亩，其中常年菜地 1100 亩，保护地面积 150 亩，棚栽面积 108 亩，无公害基地 7 个标准化，无公害蔬菜面积 3390 亩，新增辣椒种植面积 1400 亩，即使受洪灾影响，全镇年蔬菜产量仍然达到 1450 万公斤，创产值 1500 余万元。

2012 年，河溪镇加强实施"以点带面、以面带片，连片发展"。以"两片，三点、一带"工程为载体，大力发展保护地生产、无害标准化生产，露地菜向单品种、多群体、规模化发展。蔬菜基地根据地域大致划为"两片"，一是指后山片区的三线蔬菜基地；二是以阿娜村、马鞍村、中岩峒河 319 城郊片为主的标准化蔬菜生产基地。"三点"是以阿娜、持久、河溪三个黄金村为主，保护地和露地菜相结合发展蔬菜生产。"一带"是，适生区 G319 国道沿线发展特色菜。实施"两片、三点、一带"工程，重点是因地制宜，做好规划，逐步形成河溪镇蔬菜生产优势，优化区域化生产布局。河溪镇广泛开展"露地亩产值万元"的竞赛活动，提高蔬菜种植水平和效益。河溪镇实行科技兴菜，提高管理水平，根据蔬菜生产季节的特点，按照"无公害"蔬菜标准化规范要求，采取多种形式，对菜农进行定期和不定期培训，累计培训人数1000余人，发放技术资料1000余份。各村都聘请技术人员，定期到田间地头对菜农进行实地指导，解决了菜农的技术难题，有效促进了蔬菜的生产。河溪镇在发展蔬菜产业时，注重品牌效应，强力打造河溪镇自己的蔬菜品牌，积极探索"订单模式"新模式。

表 2—5   2006—2012 年河溪镇主要蔬菜播种面积和产量

年份		白菜	萝卜	辣椒	其他
2006	播种面积（亩）	2400	1700	2000	1700
	总产量（吨）	3600	2550	1000	850
2007	播种面积（亩）	2300	1500	2000	1700
	总产量（吨）	3450	2250	1000	850
2008	播种面积（亩）	2700	1700	2300	1500
	总产量（吨）	4050	2550	1150	750
2009	播种面积（亩）	2500	1700	2000	1000
	总产量（吨）	3740	2550	1000	500
2010	播种面积（亩）	2000	1500	1500	1300
	总产量（吨）	3000	2250	750	650
2011	播种面积（亩）	2000	1500	1000	700
	总产量（吨）	3000	2250	500	350
2012	播种面积（亩）	2000	1000	1000	700
	总产量（吨）	3000	1500	500	350

三 茶叶

河溪镇依据自身山高路险、耕地不足，但河溪纵横、山地资源丰富的特点，将茶叶产业作为改善农业产业结构、提升农民经济收入、实现富民强镇的"中心产业""第一农业"来抓。2012 年以来，全镇新增茶叶开发面积 2000 余亩，成立和引进专业合作社，涌现出张小梅、张正明等一批茶叶产业开发大户，楠木溪黄金茶谷、司马河黄金茶谷雏形初现，全镇茶叶产业呈现出蓬勃发展的良好势头。

1. 培养发展茶叶产业的良好氛围。积极组织干部深入基层解疑释惑，以客观事实消除在部分群众中存在的茶叶"难种论""难采论""难销论"的思想误区，形成关心茶叶、讨论茶叶、想种茶叶的良好氛围。根据吉首市茶叶产业发展纲要，河溪镇提出了打造茶叶产业重点镇的战略目标，统一了"一年打基础、三年出成效"的发展思路，确定了"三年内发展茶叶种植面积 8000 亩"的产业发展计划，进一步明确了茶叶在镇内农业中心的产业地位。

2. 以产业规划为先导。河溪镇根据吉首市茶叶办的统一安排，结合河溪实情，对河溪的茶叶发展进行了合理的规划，于 2012 年底建设高标准黄金茶园 2000 亩，同时完成了岩排村 50 亩万元高产示范点，并在铁岩村、中岩村、楠木村扩建以黄金 1 号品种为主的高标准黄金茶基地 3000 亩。

3. 以品种改良为重心。针对河溪镇原有老茶场品种参差不齐，品质差、效益低的现状，河溪镇党委政府积极动员，强调品种的适应性，开发出高档茶新品种。在吉首市茶办的引导下，全镇先后从保靖黄金寨及马颈坳镇引进黄金 1 号优良茶新品种 500 多万株，在河溪社区、岩排村、楠木村等地进行种植示范。另外，在引进良种的基础上，各村采用先进的科学技术对茶叶基地进行肥水培管、合理间作、以地养地、开展病虫害综合防治。

4. 以技术支持为保障。河溪镇强化对茶叶种植技术的及时指导，加强对农民技术员的技术培训，使他们掌握了一般的茶叶种植培管技术，为各村的茶叶技术的推广奠定了基础。

5. 大户带动。积极发展茶叶种植大户及农业合作社，扩大茶叶种植面积。通过种植大户自身的发展优势，扩大河溪茶叶的影响力和带动力。

6. 茶叶生产规模化。在坚持优化茶叶生产布局的同时，加快对张晓梅金银花茶叶基地等基础较好的茶产业示范带的建设，集中力量扶持规范化示范基地和茶叶产业专业合作社，重点扶持建设高质量、高标准的精品茶园。抓住国家农业补贴和"一事一议"财政奖补项目的政策机遇，认真做好茶区道路建设、茶园配套建设等项目的规划建设，形成茶叶的规模优势，为茶叶产业发展奠定良好的基础。

7. 鼓励茶叶发展品牌化。河溪镇依托黄金茶这一品牌，利用河溪区位及环境优势，扩大自身产品的影响，形成特色茶叶品牌；组织各种茶事活动，吸引外地客商、茶人和企业；积极参与外地举办的茶事活动，加强交流，全面推介河溪茶叶。

第五节　网箱养鱼业

河溪镇境内峒河、沱江、万溶江、司马河汇聚，黄连溪电站、河溪电站、张排电站、阿娜电站、黄泥滩电站、司马电站群集。河溪镇库区是20世纪80年代初因修建河溪电站而形成的，淹没区辖河溪、铁岩、渔溪、永固4个村（社区），19个村民小组，491户，2052人。库区水域面积近6000亩，养殖网箱3500口，是吉首市库区移民水产养殖主要基地。河溪镇的水面优势较为突出，近几年水产品养殖得到了充分的发展，特别是网箱养殖。在进一步扩大水产品养殖的基础上，河溪镇抓好网箱养鱼，重点突出搞好"两到""三个名特优"的水产品养殖，引导水产养殖从单一化到多元化，实现从集约化到规模化的转变。

表 2—6 2006—2012 年河溪镇网箱养鱼业网箱数和产量

年份	放养水面面积 （亩）	网箱数 （口）	精养网箱数 （口）	产量 （万斤）
2006	5800	1400	130	700
2007	5800	1500	230	750
2008	5800	1700	350	850
2009	5800	3800	470	1900
2010	5800	3800	520	1900
2011	5800	3500	840	1750
2012	5800	3500	840	1750

河溪镇网箱养鱼，从 2006 年的网箱 1400 口增加到 2012 年的 3500 口，精养网箱从 130 口激增到 840 口，推进了水产养殖结构的调整和优化工作，增加了水产附加值。河溪镇的主要做法和特点如下：

1. 政府扶植，加大水产养殖的扶持力度。如吉首市移民局根据布局规划，利用库区水域大、水质好、养殖条件优等有利条件，加大对库区移民村发展水产养殖的扶持力度。将渔溪村确定为库区水产养殖示范村，一方面，紧抓养殖新技术的培训、普及和新品种的引进试养工作，扶持符立新、张现保等 13 户养殖科技示范户，开展青鱼、美国花斑叉尾鮰鱼、鳙鱼等鱼种养殖示范；另一方面，从优化鱼种结构入手，逐年压缩老、陈鱼种养殖面积，积极推广新鱼种、新养殖技术，提高单产、品质。目前，渔溪村网箱养鱼户达 112 户、网箱 1820 口、精养网箱 120 口、拦叉养殖面积 400 亩，年产量达 50 余万斤，产值达 300 余万元。

2. 充分发挥计生协的协调职能作用。将库区网箱养鱼作为推动库区各村经济发展、促进育龄群众脱贫致富的项目来抓，在建立协会养鱼示范基地的同时，从养殖技术、资金扶持等方面积极帮助库区育龄群众发展网箱养鱼。目前河溪镇网箱养鱼基地共开发水面

500 余亩、发展养鱼网箱 68 口、年产鲜鱼 6.2 万千克、产值达 13 万元。在养鱼示范基地的带动下,现库区 4 个村共发展网箱养鱼 3180 口、拦汊养鱼 380 亩,其中,示范网箱 680 口、年产鲜鱼 1568 吨、产值达 856 万元,网箱养鱼已成为库区育龄群众脱贫致富的重要支柱产业。

3. 实施新型农业产业模式。库区网箱养鱼基地挂靠鮰鱼加工厂,实施"公司 + 基地 + 农户"的新型农业产业模式,由公司提供技术、饲料和种苗,实行成鱼保底价收购。

4. 适时推出激励政策,鼓励养殖户发展精养网箱。河溪镇实施网箱精养的改造工程,2012 年全镇完成改造精养网箱 438 口,投入资金 17.52 万元,提高了水产养殖的综合效益。2012 年实行网箱补贴,根据网的大小不同,分别给予 200—600 元/网补贴,渔船燃油补贴 8000 元/艘·年。

5. 规范水上交通,为网箱养殖提供良好的经营秩序。河溪镇加大对道路交通、水上交通违章车船的查处力度,坚决取缔无证无照车船和达到报废年限车船的非法营运活动,坚决查处道路交通非法客运行为和"楼层式""插笋式"载客行为,严厉查处水上交通违章违规行为,规范船舶航道。由于库区养鱼户网箱挤占航道现象严重,影响了船舶正常航行,存在安全隐患,河溪镇规范网箱放置,确保航道的畅通,预防了安全事故的发生。为减少库区船只发生水上交通事故后,因未投保而导致人民群众生命财产严重受损的状况,河溪镇认真开展营运船舶参保工作,目前河溪镇镇参保船舶达 20 艘,参保率达 100%。

在河溪镇网箱养鱼业良好有序发展的背后,也存在着一系列的问题:(1)小额信贷困难,想推行精养、引进高档品种、进一步扩大网箱数,没有资金保障。(2)技术含量低,因大部分移民文化水平偏低,缺乏专业知识,养鱼结构还停留在粗养模式上,致使产量、品质下降,无法建立新的增收渠道。(3)库区基础设施滞后,严重制约移民村的社会经济发展。(4)养殖风险大,因 2012

年的"6·8""7·12"洪灾，大部分网箱被洪水冲走，养殖户损失惨重，信心受损。

第六节　河溪镇农民专业合作组织的建设

河溪镇全镇共有农民专业合作社 10 个，社员 1033 人，带动农户 1523 人，户均纯收入达 2200 元以上。河溪镇镇政府鼓励农民专业合作社紧紧围绕"农业增效、农民增收"为中心，贯彻落实"三集中、两稀释、一拓展"发展理念，大力推进农民专业合作组织建设，不断加强农业产业化建设。

表 2—7　　　　　　河溪镇合作社情况统计表

名　称	所在村	人员	占地面积（亩）
丰裕隆茶叶专业合作社	河溪社区	157	2700
八仙湖永旺水产养殖专业合作社	永固村	24	1200
兴旺茶叶	渔溪村	10	500
大地养殖专业合作社	渔溪村	15	2300
创新养殖专业合作社	渔溪村	159	2700
富旺春椪柑专业合作社	马鞍村	90	2400
太阳岛红提专业合作社	张排村	54	500
建业畜牧养殖专业合作社	楠木村	11	500
老乡红枞菌专业合作社	阿娜村	7	500
红湘西椪柑专业合作社	阿娜村	350	4500

张排村红提种植规模大、农户多、技术要求高，村秘书高光二组织种植户成立张排红提种植协会，全村红提产业逐步壮大，红提、葡萄种植户已发展到 103 户，种植面积 230 亩。目前，合作社按照吉首市农业"八九十"发展思路，积极筹划与"太阳岛"景区联合打造"太阳岛生态农庄"，不断优化农业产业结构。河溪社区村民张晓梅组建丰裕隆种植专业合作社，吸纳社员 130 余名，进

行茶叶、金银花、千年桐的种植，种植规模上千亩，扩大了产业规模，提升了作物品质，解决了附近近百名农民临时就业的问题。马鞍村积极开展"红色股份"试点，整合上级支农资金、吉首市镇扶持资金，发展壮大原有的富旺春合作社，在壮大集体经济的同时提升了椪柑产业水平。与此同时，阿娜村红湘西椪柑合作社、渔溪村叉尾鮰合作社纷纷成立，农民专业合作组织的辐射力、带动力和影响力初步显现，全镇农业产业结构不断优化。河溪镇通过强化宣传、培育示范典型、加大指导服务、完善政策引导等一系列有力措施，促进了农民专业合作社健康快速发展。

一　合作社建设的特点

1. 以特色农产品为支撑，发展和培育农民专业合作社。一是以椪柑为支柱产业发展马鞍村、阿娜村椪柑专业合作社，河溪镇已发展椪柑基地4000余亩；二是以河溪水库为依托，在后山村发展库区网箱养鱼，现合作社年产已达8000尾以上；三是以张排村红提合作社为基地，发展特色水果产业，目前专业合作社已发展入社农户10户、种植红提5亩，2012年实现销售收入78万元，户平均实现收入1万元以上；四是大力推进"一村一品"，以专业合作社为基础，帮助专业合作社制定生产发展规划，将特色农业和名优农产品做大做强，充分发挥专业合作社促进农村经济发展的组织载体作用；五是做好培育特色农产品的同时，争创一流名优特色农产品，实现规模化、品牌化，强化合作社之间的联合与合作，形成合力，以"市场+专业合作社+农户"的经营模式，参与市场竞争，获取更大的经济效益，促进专业合作社的发展和壮大。

2. 采取多项措施来发展和规范合作社。为发展和规范建设农民专业合作社，河溪镇对需要创办农民专业合作社的农民给予指导，无偿提供申报注册登记的相关资料。帮助专业合作社建立健全管理制度，特别是财务管理制度建设，使之规范化运作。为提升和改善农民专业合作社的发展条件，争取吉首市财政出资，河溪镇扶

持 3 个较为规范、运行良好的农民专业合作社，添置电脑、打印机、传真机等设备，满足专业合作社现代化经营的需要。

3. 积极落实帮扶项目资金。充分利用吉首市茶叶产业发展机遇，积极落实帮扶项目资金。2012 全年共落实帮扶资金 61 万元，帮助协调落实茶苗定植 4000 万株，帮助部分有意愿、有实力的大户申请银行贷款 300 万元，组织引导茶农组建专业合作社，推动涉茶土地流转 3000 余亩。以"丰裕隆"茶叶合作社为基础，扩大河溪社区、岩排村的茶叶种植面积。2012 年河溪镇发展茶园基地 2100 亩，形成规模化、产业化、品牌化，促进农民增产增收。

4. 加强对合作社的培训工作。2012 年河溪镇对农民专业合作社提供培训 14 次，帮助培训人员 1300 人次，帮助 263 人解决就业问题，提高了农民的基本素质。

河溪镇合作社在发展过程中还存在如下问题：第一，发展不平衡。由于专业合作社所处的地区、条件和经济制约，专业合作社的发展参差不齐，有的发展速度缓慢，有个别的甚至未开展任何工作，有其名无其实；第二，规模不够大。主要反映在入社农户少、入股资金少，制约了专业合作社的建设和发展；第三，融资贷款难。目前各金融部门对专业合作社贷款问题，未出台针对专业合作社贷款的扶持政策，专业合作社还不能直接从银行贷款融资，现有的部分专业合作社举步艰难、困难重重。

河溪镇目前正在以下几个方面努力，使农民专业合作社做大做强。一是用好政策。积极协调农经、国土、信用社等有关部门，在农民专业合作社领照办证、场地征用、融通资金等方面给予扶持，在信息、项目技术等方面开启绿灯，力争年内在网箱养鱼、花卉种植等农业优势领域新办专业合作组织 1—2 家。二是用活政策。围绕优势产业，采取政府扶持和政策引导相结合的方式，将农民专业合作社"扶上马、引上路、送一程"；创造条件，鼓励丰裕隆金银花种植合作社等有一定实力的专业合作组织向股份制企业发展；积极争取，全力整合各种资源办好马鞍村专合组织的"红色股份"

试点工作。三是加强引导。加强对农民专业合作社的培训、指导，切实搞好配套服务，支持农民专业合作社做大做强。依托农民专业合作组织的人员、技术、产品、基地资源，兴办特色农庄，努力探索"专合组织＋特色农庄"的发展路子。

二 红色股份试点工作的开展

2012 年，马鞍村为解决村级集体经济薄弱、村级组织"无钱办事"等问题，开展由村党支部与村集体经济组织联合的"红色股份"试点工作。

1. 依法成立"红色公司"，参股专业合作社。由河溪镇党委、政府牵头指导，马鞍村召开村民代表大会，村党支部以党员张正元个人名义创办"红色公司"，村党支部与党员张正元签订协议，明确村党支部对公司注册资本以及资本收益的所有权和使用权。张正元按照《公司法》规定的公司登记要求，到工商管理部门办理登记手续，注册成立名为"马鞍村富民生态有限责任公司"的"红色公司"。"红色公司"采取资金入股、土地入股和其他资产入股等形式，参股吉首市富旺春椪柑专业合作社，实现村集体经济收益的"红色股份"，并按照"股权平等、利益共享、风险共担、积累共有"的原则，合理确定利益分配方式。

2. 明晰股权，合理进行"红色股份"分红。按照股份合作制和"公开、公平、公正"的原则，合理设置股权结构，明晰产权关系，依法依规开展股份合作工作。张正元以公司法定代表人的身份进入吉首市富旺春椪柑专业合作社监事会担任监事，对"红色股份"股本金的运行情况实行全程监管。红色公司每年按照所占股资总额的比例分取红利，红利的 50% 用于扩大再生产，原则上作为追加股本，继续投入到合作社中去，实现资本滚动发展，其余的 50% 作为村集体经济收入。村支部向吉首市委组织部签订承诺，保证做好"红色股份"的股本金和分红资金的监督和管理，保证通过"四议两公开"程序使"红色股份"分红资金用于兴办村级公益事业，实行财务公开，接受村民监督。

3．"红色股份"初见成效，增强了集体经济的自我发展能力。2012年底，吉首市富旺春椪柑专业合作社在椪柑销售困难的情况下，通过市场运作提升产品附加值，实现销售收入200余万元。不仅解决了椪柑的销售问题，马鞍村还由此获得了2万余元的集体收益。马鞍村党支部将这2万元集体收益用于聘请部分困难群众作为专职工作人员打扫村里卫生、慰问老党员、老干部、帮助特困户、养护村间道路、维护输电线路、改善村级组织办公条件等方面。

吉首市富旺春专业合作社计划提升马鞍村椪柑品质，在马鞍村发展500亩精品果园，对马鞍村椪柑进行品种改良，"劣改优""高改矮""密改稀"，改善椪柑基地设施建设，发展椪柑标准化种植，推广科学实用栽培技术，推进马鞍村柑橘产业化发展。

第七节 河溪镇茶叶产业发展四年规划

根据吉首市委市政府就发展茶叶产业的会议精神和吉首市茶叶产业办的工作意见，结合我镇发展茶叶产业的实际，特制定我镇茶叶产业发展四年规划。

一 发展思路

以科学发展观为指导思想，以市场为向导，以科学技术为依托，以提高效益为中心，努力提高茶叶质量安全水平，大力支持茶叶产业开发大户，鼓励合作社发展茶叶产业，提高农民收入，实现社员富裕。

二 发展目标

到2015年，全镇茶叶种植面积要达到8000亩，茶叶总产量达到400吨，总产值达到4000万，其中清明茶叶产值3000

万，夏茶产值 500 万，秋茶产值 500 万，同时按茶叶标准化建园，生产标准化产品，实现无公害化生产，加快产业建设步伐。

三 建设要点

根据我镇实际，实行资源利用和生态保护相结合的原则，统一规划、分步实施、突出重点、规模发展、集中成片、规模经营、提高质量和效益。

1. 建立茶叶重点区。（1）镇后山区以楠木村为主，作为茶叶开发的主导产业区，楠木村、新建村、岩排村可开发茶叶种植面积 6000 多亩。目前，该区拥有老茶园 500 多亩，由于品种单一、品质下降，近几年几经荒废。我镇计划在四年内完成低产园改造，发展良种标准化茶园 3000 亩。（2）镇淹没区作为茶叶优势主导产业区，包括渔溪、铁岩、永固三个村，现有低产田、低效林 5000 多亩，人口 2497 人，过去该三村有种茶习惯，因此，可因地制宜发展茶叶 2000 余亩。（3）镇沿河工业污染区，可作为发展茶叶产业的后备区，包括中岩、马鞍、阿娜、张排、持久、河溪等 6 个村，土地 10000 多亩，适合茶叶产业发展。但部分土地已到污染区内，不适合产业开发，因此，可选择性地将远离污染的自然寨，因地制宜地发展成为后备开发基地。

2. 茶树良种化。坚持发展无性系良种标准茶园，对原有老茶园进行改植换种，优化茶园结构，争取于 2015 年全部完成良种标准化茶园建设任务。

3. 产品品牌化。主打黄金 1 号、黄金系列等优良品种，积极发展扶持茶叶专业合作社，提高集体组织化程度，强化品牌意识。

4. 加工工厂化。我镇将在规划期内完成 8000 亩种植任务，配套建成茶叶加工厂 3—5 座，基本实现田间管理和茶叶采摘的机械化。

表 2—8　　　　2012—2015 年河溪镇茶叶产业发展项目

建设目标管理任务表　　　　　单位：亩

村名	总面积	开发面积				责任领导	驻村干部	村干部责任人
		2012	2013	2014	2015			
楠木村	1000	100	300	400	200	杨昌松	田景友	杨天忠
新建村	1000	300	300	300	100	龙志良	高纪斌	李华孝
岩排村	1000	200	500	100	200	汪颖	熊绍梅	张正金
渔溪村	500	100	100	200	100	吴飞	葛希佳	符永红
铁岩村	800	200	200	200	200	高隆象	吴结军	张正礼
永固村	700	100	100	300	200	李生军	田仕华	张祖胜
马鞍村	400	100	100	100	100	龙志良	高纪好	张言桥
中岩村	200	50	50	50	50	徐辉	石泽勇	杨庭翠
阿娜村	400	100	100	100	100	吴飞	陈千贵	田如超
张排村	400	100	100	100	100	李生军	杨清芳	陈三苗
持久村	200	50	50	50	50	张忠	天如玉	高从六
河溪社区	1400	100	1100	100	100	李岚林	田景云	高纪旺
合计	8000	1500	3000	2000	1500			

第三章

河溪镇工业经济发展状况

河溪镇作为吉首市的工业重镇，水陆交通十分便利，素有"吉首门户"之称，是湘西州22个工业强乡强镇之一，拥有工业发展的良好传统和基础条件，工业化是河溪发展的第一优势。河溪镇坚持以"工业富镇，产业富民，科技强镇，教育兴镇"为发展思路，以"河溪镇二十公里工业长廊"及三大工业园区建设为发展关键，特别是随着百里坪河溪新材料工业园的开工建设，河溪镇以资源型、循环型、农产品精深加工和矿产品加工等四大工业体系为核心的"二十公里工业长廊"进一步显现，园区经济逐步成形，工业集群雏形初现，工业发展势头强劲。

近年来，河溪镇积极探索、大胆创新，"以服务促进工业园区发展，以园区发展振兴工业建设、以工业发展带动全镇经济"的发展思路，科学规划，细化完善工业园区功能，按照"一廊三组团"工业园区规划，发挥园区经济聚集效应，加强工业园区设施建设，改变单一的投资体制，多渠道吸引投资搞建设，引导企业向园区集中，引进大企业、大集团入园兴业，培育产业集群，依托资源优势，把传统产业做强做大，将资源优势转化为经济优势。

2012年，河溪镇紧紧围绕"工业富镇"，抢抓全市工业"东进、南扩、北提"发展契机，以河溪新材料产业园、马鞍物流园等园区建设为重点，着力提升工业经济质量，改善工业经济结构，促进工业经济发展，全镇工业企业在困境中得以稳步前行。边城醋业、河溪橡胶厂、阳城木业、山城纸厂等传统老企业发展势头良好，新上马入园的"榜爷"腊肉、大唐食品有限公司、新型墙体材料厂、华鑫气体冲装有限公司、黑豚养殖等产业项目建设进展良好。2012 年，全镇工业企业实现总产值 43515 万元，实现增加值11038 万元，实交税金 1056 万元，企业整体实力不断得到提升。

第一节　"二十公里工业长廊"建设现状

河溪镇是一个工业老镇，20 世纪 90 年代末期河溪镇工业经济曾一度陷入低谷。近年来，河溪镇按照新型工业化的发展思路，充分利用区位和资源优势，大力推进"河溪镇二十公里工业长廊"的建设，一个工业老镇正在崛起。

河溪镇将 319 国道和常吉高速沿线各村纳入工业规划，全力打造河溪镇 20 公里工业长廊，并将这一工业长廊进行科学细化，确定了马鞍山工业板块、张持工业板块和河溪社区工业板块。以这三大工业板块为核心，带动 319 国道沿线的工业发展，同时辐射全镇。工业用地规划面积达 1.616 平方千米，形成"一廊三组团"工业园区，即河溪工业组团、马鞍山工业组团和太阳岛工业组团。

河溪镇在工业发展规划上，通过加强工业园区基础设施建设，改革单一的投资体制，充分吸引多渠道投资搞建设，逐步引导企业向园区集中，招引大企业、大集团入园兴业，培育产业集群。目前引进项目均落户工业园区，实现了资源型企业、循环型企业、农产品精加工企业及矿产品加工企业四个工业体系齐头并进的格局。

在工业发展规划的指导下，河溪镇工业经济实现了快速增长。工业总产值从 2006 年的 23032 万元增长到 2012 年的 43515 万元，增长了 88.93%（如表 3—1 所示），取得了较高的工业绩效。从河溪镇工业总产值的走势（如图 3—1 所示）来看，2008 年之前，工业总产值增长速度较慢，2008 年由于受到全球金融危机的影响，河溪镇工业总产值比 2007 年有小幅度的下降，但在 2008 年之后，工业总产值开始快速增长，这充分展现了河溪镇工业较高的抵抗危机的能力。

表 3 - 1　　　　　　　　2006—2012 年河溪镇工业总产值

年份	工业总产值（万元）
2006	23032
2007	25687
2008	24772
2009	28149
2010	35847
2011	41820
2012	43515

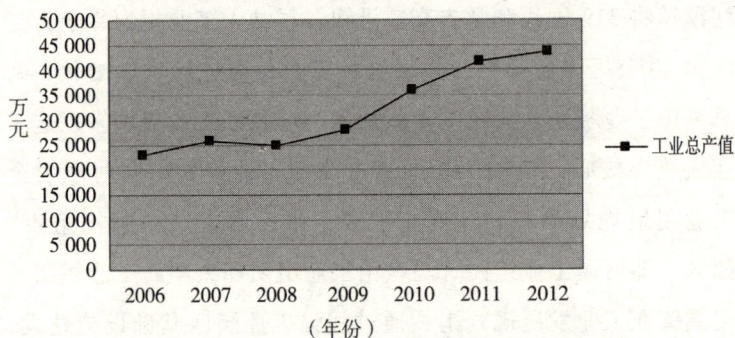

图 3 - 1　2006—2012 年河溪镇工业总产值的走势

　　为了优化企业的投资环境，加大招商引资力度。河溪镇成立了工业强镇领导小组，建立完善了科级干部联系重点企业的服务制度体系，从项目立项、土地征用、开工建设、政策落实等程序上全程跟踪服务，确保投资项目"当年设计、当年建设、当年投产"，为企业发展提供良好的环境。2012 年河溪镇新上马工业投资项目 3 个，包括边城醋业有限责任公司投资 630 万元的椪柑饮料醋灌装生产线项目、楚天新型建材有限公司投资 300 万元的新型建筑材料生产项目、"榜爷"食品有限责任公司投资 500 万元的新建厂房项目（如表 3—2 所示），总投资达到 1.43 亿元。

表 3—2　　　　　　2012 年河溪镇工业投资项目情况

企业名称	项目名称、内容	项目投产年份	总投资（万元）
边城醋业有限责任公司	椪柑饮料醋灌装生产线	2012	630
楚天新型建材有限公司	新型建筑材料	2012	300
榜爷食品有限责任公司	新建厂房	2012	500

到 2012 年，河溪镇乡镇企业一共有 712 个，其中集体企业 4 个、有限责任公司 5 个、私营企业 92 个与其他如个体、合作等企业 611 个。河溪镇乡镇企业主要还是以小企业为主，规模较大的有限责任公司发展还比较缓慢，尤其是河溪镇没有股份有限公司，说明河溪镇企业还没有建立起现代化的企业制度。各类企业具体指标如表 3—3 所示。

表 3—3　　　　　2012 年河溪镇企业主要经济指标　　　单位：万元

企业类型	企业个数	从业人数	总产值	营业收入	利润总额	上缴税金	劳动者报酬
集体企业	4	221	6148	6030	−94	323	257
有限责任公司	5	428	14733	15865	911	226	520
私营企业	92	574	14966	13751	467	731	1024
其他企业	611	739	4562	4490	192	72	230
合计	712	1962	40433	40136	1476	1352	2215

表 3—3 显示，有限责任公司和私营企业的总产值和营业收入占了河溪镇所有企业的绝大部分，两者是河溪镇工业的主要骨干力量。但从各项经济指标的均值来看（如图 3—2 所示），由于有限责任公司的数量远远少于私营企业和其他企业的数量，除上

缴税金这个指标的均值略小于集体企业之外，单个有限责任公司的其他各项经济指标远大于其他类型的企业，由此可见，有限责任公司是河溪镇工业的中坚力量。从利润总额来看，有限责任公司的利润总额较大，相对而言，有限责任公司的经营效率要高于其他类型的公司，因此，有限责任公司应成为河溪镇招商引资大力引进的重要对象。对河溪镇企业劳动者报酬均值进行比较分析，可知私营企业的劳动报酬最高（如图3—3所示），对提高居民生活水平起到了很大的促进作用，这主要得益于私营企业更加灵活的经营体制。

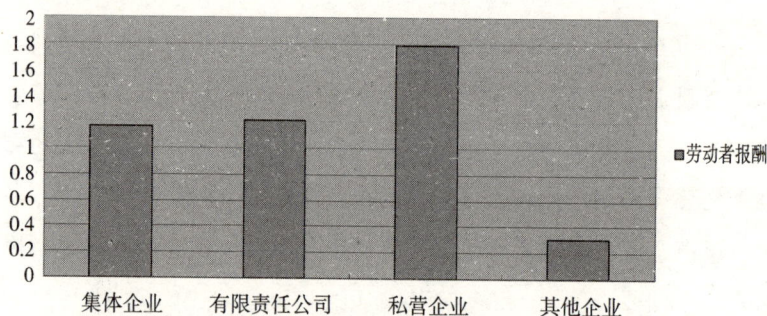

图3—2　河溪镇企业主要经济指标均值的比较

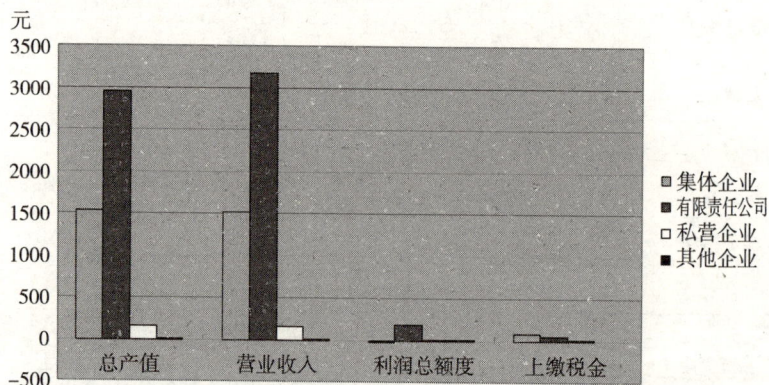

图3—3　河溪镇企业劳动者报酬均值的比较

建设工业重镇，推动企业产品上档次、上规模，关键在于发展规模工业。近几年河溪镇的规模工业取得了较快的发展，规模工业增加值从 2006 年的 2432 万元增加到 2012 年的 5751 万元，增长了 136.37%。河溪镇规模工业主要经济发展指标情况如表 3—4 所示。

表 3—4 2006—2012 年河溪镇规模工业主要经济发展指标 单位：万元，个

经济指标	2006 年	2007 年	2008 年	2009 年	2010 年	2011 年	2012 年
工业增加值	2432	2544	2596	2741	4980	5478	5751
工业销售额	10445	11562	11846	11558	20502	22552	23164
营业收入	10796	11653	11978	12015	21726	23116	24115
利润总额	216	233	239	253	807	845	890
上缴税金	311	338	349	379	542	614	640
劳动者报酬	623	701	708	721	759	813	835
企业个数	5	6	6	6	6	6	6
期末从业人数	483	530	532	548	624	631	645

从图 3—4 和图 3—5 可以看出，河溪镇规模工业发展的重要特点是工业增加值、工业销售额、营业收入、利润总额、上缴税金的增长速度较快，从 2006—2012 年均增长了 1 倍以上，利润总额增长幅度更是达到了 3.12 倍，由于规模企业总数几乎没有变动，利润总额的大幅度增长说明近几年河溪镇规模企业的实力越来越强。

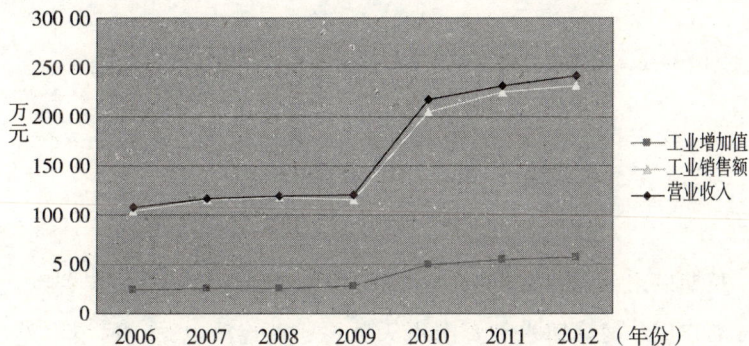

图 3—4 河溪镇规模工业增加值、销售额、营业收入的变动趋势

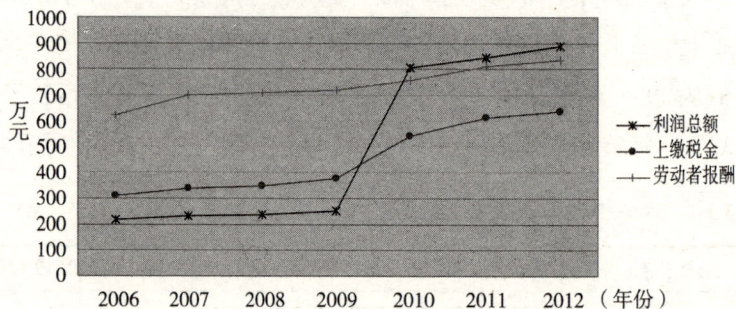

图 3—5　河溪镇规模工业利润总额、上缴税金、劳动者报酬的变动趋势

从图 3—6 可知，规模工业企业利润总额年增长率的平均值最大，达到了 40.88%，但劳动者报酬增长较为缓慢，年增长率的平均值为 5.07%，远低于前者的年增长率的平均值，由此可见，河溪镇规模工业发展的主要受益者是企业。

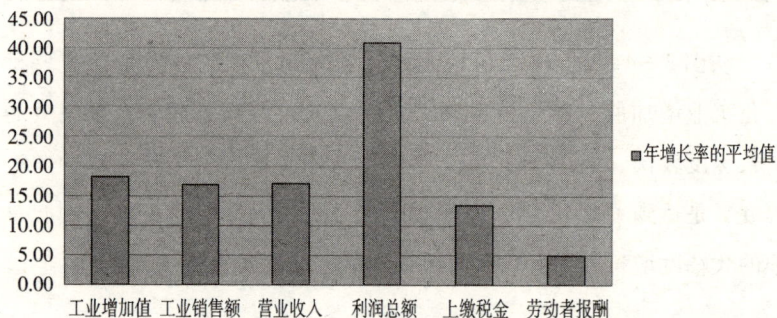

图 3—6　河溪镇规模工业主要经济发展指标年增长率的平均值

第二节　资源型产业

长期以来，资源富集地区的经济发展对河溪镇的发展起着巨大的推动作用。河溪镇水利资源得天独厚，黄连溪电站、河溪电站、张排电站、阿娜电站、黄泥滩电站、司马电站集群等 6 个水电站就像是河溪两字偏旁的 6 点水，构成了河溪以水为基础的特色资源工业。河溪镇境内峒河、沱江、万溶江和司马河汇聚，水资源开发如火如荼。黄泥滩、张排等电站拔地而起，司马河电站也在积极地筹建之中。这 6 大电站，计划装机容量达 1600 千瓦时左右。充足的电力为河溪的工业发展积蓄了后劲力量，拓展了发展空间。

河溪镇看准"潜力在水"这一优势，利用地处微生物带、富锶富硒地下水、库区网箱养鱼等独特的水资源优势，大力发展水资源综合型工业项目。如湘西边城醋业科技有限责任公司总投资 7480 万元的"醋城"项目，设计生产能力为年产 1000 吨传统工艺醋、2000 吨现代工艺醋、3000 吨保健饮料醋及 400 吨醋渣饲料。围绕 1 万吨斑点叉尾鲴加工项目，库区大力发展水养殖业，培育工业基地，形成工业产业链。

整体而言，河溪镇资源型产业发展势头强劲，工业总产值从 2006 年的 872 万元增长到 2012 年的 2208 万元，增长了 154.21%，其他经济发展指标也表现出了类似的变动，具体情况如表 3—5 所示。

表 3—5　　2006—2012 年河溪镇资源型产业主要经济发展指标

单位：万元，个

年份 经济指标	2006	2007	2008	2009	2010	2011	2012
工业增加值	872	782	985	1124	1736	2011	2208
工业销售额	3765	3370	4245	4844	7482	8668	9517
营业收入	3870	3468	4368	4916	7516	8745	9968
利润总额	77	65	146	151	216	298	416
上缴税金	32	29	59	72	114	134	192
劳动者报酬	368	370	412	423	457	472	567
企业个数	4	4	6	6	6	6	7
期末从业人数	295	296	310	313	313	315	384

从图 3—7 和图 3—8 可以看出，河溪镇资源型产业发展的特点是工业增加值、工业销售额、营业收入、利润总额及上缴税金的增

长速度较快等，从 2006—2012 年均增长了 1 倍以上，上缴税金增长幅度更是达到了 5 倍，是河溪镇政府重要的税收来源。

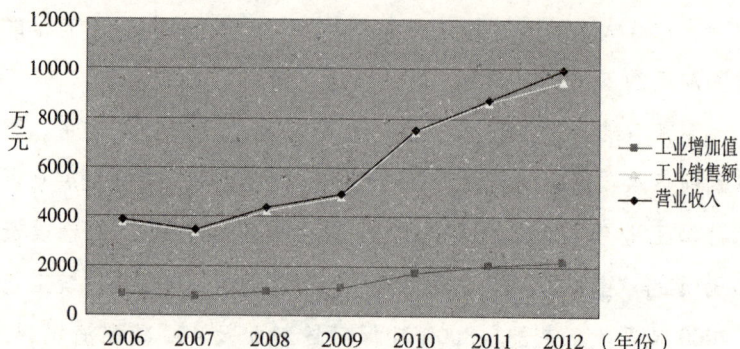

图 3—7　2006—2012 年河溪镇资源型产业工业增加值、销售额、营业收入的变动趋势

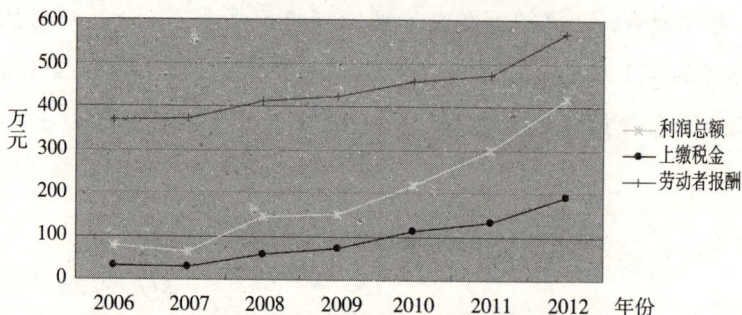

图 3—8　2006—2012 年河溪镇资源型产业利润总额、上缴税金、劳动者报酬的变动趋势

从图 3—9 可知，资源型产业企业利润总额和上缴税金年增长率的平均值最大，分别达到了 39.21% 和 38.84%，但劳动者报酬增长较为缓慢，年增长率的平均值为 7.67%，远低于前两者年增长率的平均值，由此可见，河溪镇资源型产业发展的主要受益者是企业和政府。

第三节　循环经济产业

循环经济是一种实践可持续发展理念的新的经济发展模式，它

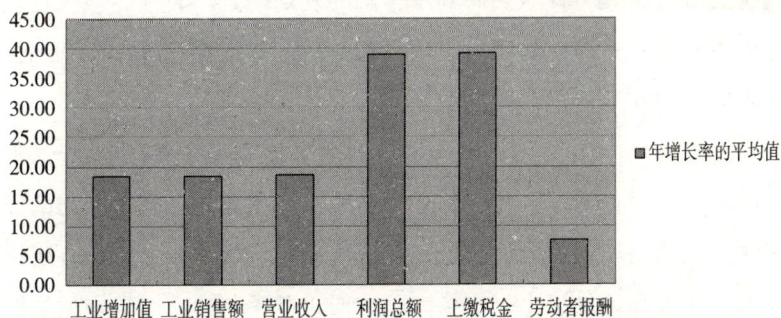

图 3—9　河溪镇资源型产业主要经济发展指标年增长率的平均值

以资源环境是支撑人类经济发展的物质基础这一根本认识出发，通过"资源－产品－废弃物－再生资源"的反馈式循环过程，使所有的物质、能量在这个永续的循环中得到合理持久的利用，从而实现用尽可能小的资源消耗和环境成本，获得尽可能大的经济效益和社会效益。循环经济是以资源的高效利用和循环利用为核心，以减量化、再利用、资源化为原则，以低消耗、低排放、高效率为特征，其遵循的行为原则是：减量、再利用、再循环和再思考。

目前，河溪镇的循环经济已初见成效。南翔废旧电器回收厂、浙江废旧电器回收厂、金边电器回收厂等 10 多家诚实守信、技术设备先进、经济实力雄厚的废旧回收加工企业先后落户工业长廊。初步形成了河溪镇工业经济"低投入，高产出、低消耗、能循环、可持续"的发展格局，循环型工业企业集群雏形初现。

在河溪镇所有循环经济产业的企业中，河溪橡胶厂是一家典型企业。河溪橡胶厂是主要从事废旧橡胶生产处理的企业，该厂近日被确定为湘西州唯一一家全省循环经济试点企业。河溪橡胶厂在发展循环经济的道路上，紧紧依托青岛科技大学等高校，把科研院校的实验室变成自己的实验室，把专家教授变成自己的技术力量，通过科技联姻，企业迅速发展壮大。从油发到水油发再到动态脱硫、动态红外线脱硫，企业的生产成本逐年下降。一吨橡胶至少降低成本 200 元，仅此一项每年为企业节省成本近 200 万元。国家对循环经济的日益重视，使该厂看到了广阔的发展前景。目前，该厂正在筹建万吨再生橡胶扩建项目，项目建成后，年产值将达 4000 万元，实现利税 400 万元。

　　无论是"三废"的回收和循环利用，还是能源和其他资源消耗的减量化，都离不开技术和设备的投入，需要企业具有相当的经济实力，但由于河溪镇大部分企业规模较小、实力差，企业科研投入不足、产品附加值小、市场竞争力弱，严重制约了企业在发展循环经济方面的资金投入能力。近几年，河溪镇循环经济产业发展势头开始放缓，工业总产值从 2010 年的 1317 万元降低到 2012 年的 1021 万元，其他循环经济产业发展指标近年来也有所降低，具体情况如表 3—6 所示。

表 3—6　　2006—2012 年河溪镇循环经济产业主要经济发展指标

单位：万元，个

经济指标	2006 年	2007 年	2008 年	2009 年	2010 年	2011 年	2012 年
工业增加值	1355	1216	921	946	1317	1065	1021
工业销售额	5512	4963	3759	3816	5331	4311	4134
营业收入	5635	5140	3918	4013	5526	4514	4316
利润总额	112	96	88	125	156	136	149
上缴税金	157	135	111	124	137	127	145
劳动者报酬	451	428	411	436	455	428	431
企业个数	11	11	10	10	10	9	9
期末从业人数	353	338	306	312	326	307	308

　　从图 3—10 和图 3—11 可以看出，河溪镇循环经济产业发展的工业增加值、工业销售额和营业收入在 2006—2012 年期间发生了较大的波动，在 2008 年之前三者都一直在下降，2008—2010 年期间开始上升，但在 2010 年后又呈现下降的趋势。但利润总额、上缴税金和劳动者报酬近几年却呈现小幅上升的趋势，说明企业发展可能会出现转机。

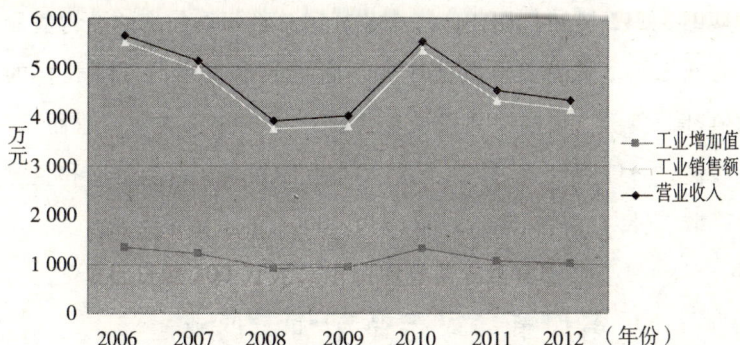

图 3—10　2006—2012 年河溪镇循环经济产业工业增加值、
销售额、营业收入的变动趋势

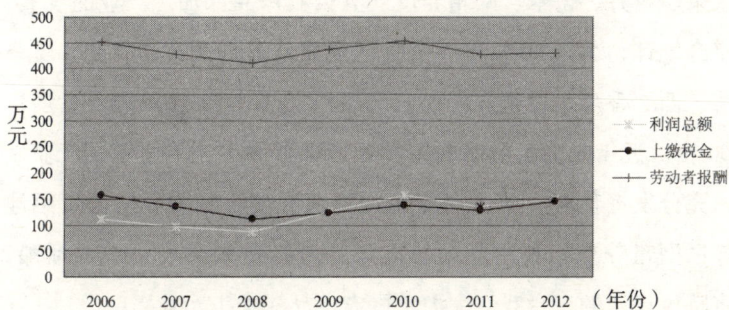

图 3—11　2006—2012 年河溪镇循环经济产业利润总额、
上缴税金、劳动者报酬的变动趋势

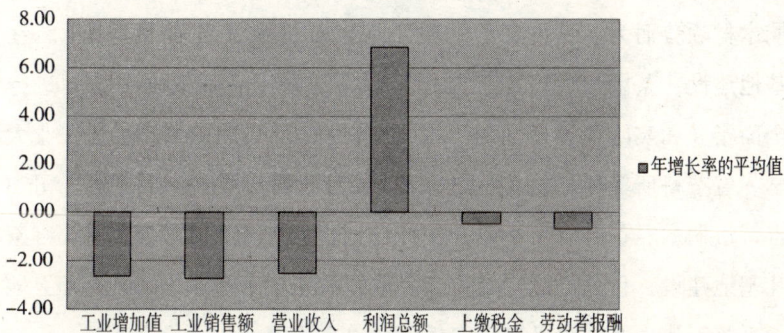

图 3—12　河溪镇循环经济产业主要经济发展指标年增长率的平均值

从图3—12可知，循环经济产业利润总额年增长率的平均值最大，为6.83%，但远低于其他产业，而且其他指标的年增长率的平均值都为负值，说明河溪镇循环经济产业相对于其他产业而言，发展缓慢，可能存在瓶颈问题制约了企业的发展，需要政府和企业及时采取有针对性的措施予以解决。

第四节　农产品深加工产业

河溪镇终坚持"农业增产、农民增收、农村稳定"这一目标不动摇，以阿娜村"省科教兴村"这一示范村为重点，着力抓好"蔬菜、水果、花卉、苗木、网箱养鱼"五大农产品深加工产业的发展。据不完全统计，截至2012年，全镇已发展红提150亩，大棚、反季节蔬菜、西、香瓜水果经济作物1250亩，网箱养鱼3350箱，发展椪柑9800亩。近年来，河溪镇抓住农产品资源优势，围绕餐桌产业做文章，充分发挥优势资源，利用人文特色、微生物带、富锶富硒地下水库区网箱养鱼，利用蔬菜、果园基地打造餐桌产业，舞活醋、鱼、水特色产业的三台戏，大力发展农产品深加工产业。

河溪镇楠木村茶叶加工产业的发展非常值得关注。河溪镇楠木村是一个深山里的土家山寨，全村仅有600多人，但已有近百年的种茶、制茶历史。在省、州、市出台加快发展茶叶产业的背景下，楠木村顺势而为，从古丈县"搬"来生产技术及经营管理团队，在基地建设、茶园培管、加工制作、新品开发、品牌策划等方面进行全面指导和实际操作。同时，楠木村的茶叶生产得到了湖南农业大学、省茶科所等科研机构的技术支持。湘西楠木君茶叶有限公司和吉首市楠木君茶叶农民专业合作社计划在两年至三年完成5000亩茶叶基地建设，目前已经完成400多亩野放茶的复垦和1000多亩土地的平整工作。榜爷食品有限责任公司也在积极地扩大企业规模。

在农产品深加工企业的引进和本地农产业资源深加工的双重作用下，河溪镇农产品深加工产业得到了快速发展，工业总产值从

2006 年的 550 万元增长到 2012 年的 2976 万元，增长了 441.09%，其他经济发展指标也表现出了类似的变动，具体情况如表 3—7 所示。

表 3—7　　　2006—2012 年河溪镇农产品深加工产业主要经济发展指标

单位：万元，个

经济指标	2006 年	2007 年	2008 年	2009 年	2010 年	2011 年	2012 年
工业增加值	550	845	1025	1416	1853	2019	2976
工业销售额	2216	3407	4133	5709	7472	8174	12048
营业收入	2360	3512	4367	5869	7516	8296	12814
利润总额	47	70	96	136	192	247	349
上缴税金	23	31	48	55	67	93	167
劳动者报酬	227	281	312	328	337	365	403
企业个数	7	8	9	9	9	10	11
期末从业人数	165	192	210	210	213	234	268

从图 3—13 和图 3—14 可以看出，河溪镇农产品深加工产业发展的重要特点是工业增加值、工业销售额、营业收入、利润总额及上缴税金的增长速度较快，从 2006—2012 年均增长了 4 倍以上，其中利润总额和上缴税金的增长幅度分别达到了 6.42 倍和 6.26 倍，发展势头强劲。

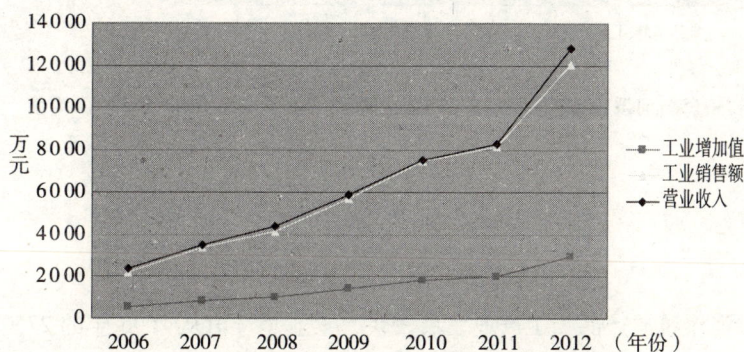

图 3—13　2006—2012 年河溪镇农产品深加工产业增加值、销售额、营业收入的变动趋势

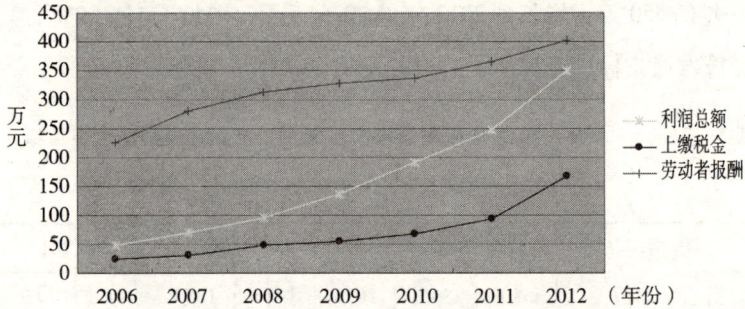

图3—14　2006—2012年河溪镇农产品深加工产业利润总额、上缴税金、劳动者报酬的变动趋势

从图3—15可知，农产品深加工产业利润总额和上缴税金年增长率的平均值最大，分别达到了39.81%和40.73%，但劳动者报酬增长较为缓慢，年增长率的平均值为10.24%，远低于前两者的年增长率的平均值，呈现出与资源型产业相同的特点。

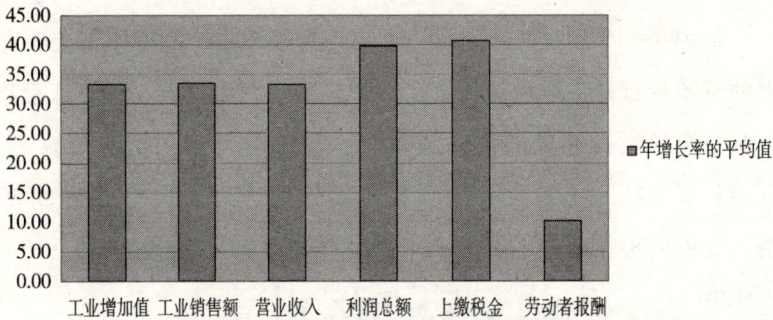

图3—15　河溪镇农产品深加工产业主要经济发展指标年增长率的平均值

第五节　矿产品加工产业

河溪镇矿产品加工产业发展较快，工业总产值从2006年的2750万元增长到2011年的3812万元，增长了38.61%，但在2012年，受境内外市场需求不振以及市场供过于求所致的有色金属价格低位震荡的影响，工业增加值比2011年下降了20.9%，其他经济发展指标也表现出了类似的变动（如表3—8 图3—16 和图3—17 所示），由此可见，河溪镇矿产品加工产业受外部市场的影响较大。

表3—8　　　　　　2006—2012年河溪镇矿产品加工产业主要经济发展指标

单位：万元，个

经济指标	2006年	2007年	2008年	2009年	2010年	2011年	2012年
工业增加值	2750	3321	3014	3269	3697	3812	3013
工业销售额	11469	13895	12558	13621	15468	15949	12606
营业收入	11802	14016	12786	14016	15994	16213	13017
利润总额	236	295	271	308	397	440	210
上缴税金	330	358	367	412	483	496	407
劳动者报酬	714	764	768	846	853	867	791
企业个数	6	6	6	7	7	6	6
期末从业人数	563	551	561	621	650	653	614

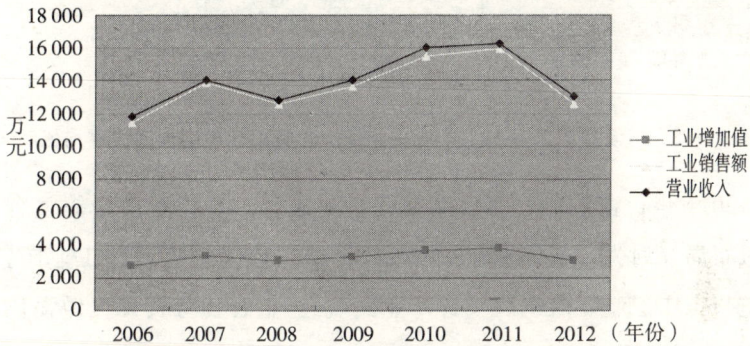

图3—16　2006—2012年河溪镇矿产品加工产业工业增加值、
销售额、营业收入的变动趋势

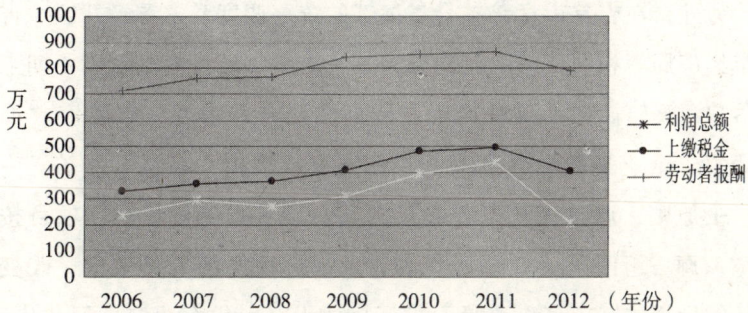

图3—17　2006—2012年河溪镇矿产品加工产业利润总额、
上缴税金、劳动者报酬的变动趋势

从图 3—18 可知，矿产品加工产业上缴税金年增长率的平均值
最大，为 4.21%；劳动者报酬增长最为缓慢，年增长率的平均值
分别为 1.9%，这些指标远远低于其他产业的相关指标，但从绝对
值来看，跟其他产业相差不大，说明矿产品加工产业的规模相当，
但近几年的发展速度较慢。

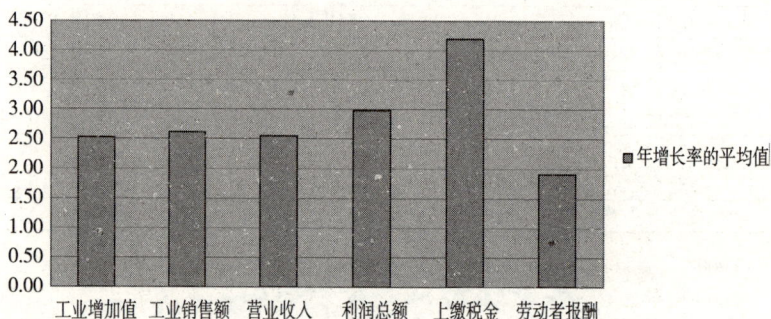

图 3—18　河溪镇矿产品加工产业主要经济发展指标年增长率的平均值

2011 年，吉首市全面启动锰锌企业整合工作，全市锰锌整合
区域布局规划为"锰东迁、锌入园"，即在河溪镇建设锰工业园，
在乾州吉庄工业园内建设"锌产业区"。为整合优势资源，做强优
势产业，打造湘西旗舰企业，吉首市总投资 6 亿元，在河溪镇集中
建设一个年产 9 万吨电解锰工业园区，2012 年完成基础建设，
2014 年全部建成投产，投产后可实现年产值 16 亿—20 亿元。

另外，在吉首市锰锌整合指挥部的统一调度及吉首经开区、吉
首市经济局等相关部门的共同努力下，吉首市新材料工业园一期工
程落户河溪镇。河溪新材料产业园是按照吉首市委、市政府"产
业聚集、企业集群、突出特色"的要求，紧扣"东进、北扩、南
提"的原则，调整优化工业布局的州、市重点建设项目。项目按
照"一廊三组团"工业园区规划，发挥园区经济聚集效应，改变
单一的投资体制，多渠道吸引投资搞建设，引导企业向园区集中，
引进大企业、大集团入园兴业，培育产业集群。

第六节　河溪镇主要支柱企业简介

一　湘西自治州边城醋业科技有限责任公司

图3—19　湘西自治州边城醋业科技有限责任公司

　　湘西自治州边城醋业科技有限责任公司成立于2005年，坐落于湘西香醋发源地——吉首市河溪镇，是一家以生产传统香醋及果醋饮料为主的高科技食品生产企业，是湖南省农业产业化龙头企业和湖南省高新技术企业。2012年6月公司成为湖南省工业旅游示范企业及省工业旅游购物示范点。公司拥有一条优质香醋生产线和一条椪柑果醋饮料生产线和完善的质量安全检测设备，年产各类香醋及果醋饮料40000多吨。公司采取"公司＋科研院所＋基地＋农户"的发展模式，在吉首市拥有椪柑优质原料生产基地6000亩。公司注重科技创新和知识产权保护，申报了6项技术发明专利和12项外观设计专利，注册了5项"神秘湘西"商标，获得了6项实用新型专利，通过了 1 项无盐香醋加工新技术省级科技成果。企业通过了 ISO 9001 国际质量体系认证、ISO 22000 国际食品安全体系认证，连续五年通过国家有机香醋认证。公司先后获得"技术创新服务文明先进企业""构建和谐企业先进单位"和"消费者信得过单位"等荣誉称号，公司"神秘湘西"香醋及果醋饮料被评为湖南省名牌产品，"神秘湘西"商标被评为湖南省著名商标。

公司生产的"神秘湘西"牌香醋，传承了曾作为清朝贡品的河溪香醋百年传统生产工艺，以优质大米为原料，用中草药植物制曲，历经两年以上精酿而成，产品为目前我国唯一不添加食盐、不添加防腐剂、不添加色素、不添加香料的香醋。公司自主研发的"无盐香醋加工新技术"于 2008 年经湖南省科技厅组织专家鉴定：整体技术国内领先，产品填补国内空白。该技术获得湘西自治州科技进步一等奖。产品多次荣获国际食博会和农博会金奖。

在积极弘扬民族香醋品牌的同时，公司立足湘西丰富的椪柑资源优势，在吉首大学食品研究所的大力支持下，积极探索椪柑精深加工新路子。目前椪柑醋饮料年生产能力达到 20000 多吨，年处理椪柑 20000 多吨，有效缓解了湘西椪柑的销售压力，为湘西椪柑精深加工开辟了一条新的路子，对促进湘西地区经济的发展起到了积极作用。

二 阳成木业

吉首市阳成木业有限责任公司成立于 2008 年 11 月，坐落于吉首市河溪镇阿娜村三组，毗邻常吉高速路吉首东出口，交通便利。公司占地 30 亩，主要生产与销售胶合板、中高档实木门、覆膜板、细木工板及各种木方板材等，现有员工 260 人，其中管理人员 12人，专业技术人员 30 人。年可生产胶合板 50 万张，实木门 1.5 万套及细木工板和覆膜板 50 万张。

公司前身是吉首市吉发木材经营部，经营加工木材有十余年历史，在湘西州木材行业拥有深厚的行业资源和良好的口碑。成立阳成木业公司后，公司采用现代公司的运营模式，走规范化、机械

图 3—20 湘西自治州边城醋业科技有限责任公司发酵车间

图 3—21 吉首市阳成木业有限责任公司

化、自动化的发展道路，积极改良工艺，倡导生态环保，在生产中主导使用木材三乘物、枝丫木、小径木、回收的旧材旧板等，率先走上节材持续发展的道路。

　　吉首市阳成木业有限责任公司以"诚信、高效、务实、奉献"为企业精神，奉献社会，服务大众。以"诚信为本、铸就品牌，优质服务、赢得市场"的经营理念，盘大盘强，使企业高速健康发展，为发展和繁荣地方经济做出应有的贡献。2009年阳成木业被评为"湘西州竹木加工经营诚信企业"，阳成木业将力争成为湘西乃至湖南省级竹木龙头企业。

第四章

河溪镇旅游业发展状况

旅游业是新时期我国战略型新兴产业，对推动区域经济发展和区域扶贫具有重要作用。对于中西部贫困落后地区来说，旅游业也正成为快速提升地区经济和知名度的重要手段，发展旅游业成为许多地方政府的一项重要任务。近几年来，河溪镇注重旅游产业与相关产业的融合，加强旅游基础设施和管理体制机制的建设，不断加强旅游业对地区经济发展中的带动作用，旅游产业得到较快发展。

第一节 河溪镇旅游资源概况

河溪镇境内峒河、万溶江、沱江交汇，山体高低起伏，森林覆盖率高，境内旅游资源较为丰富，有自然景观、产业景观、民俗节庆、历史遗址遗迹类旅游资源。

一 自然景观类

自然景观类旅游资源是指能对旅游者产生吸引力，可以为旅游业开发利用的自然景观和物象。河溪镇重要的自然景观有：

1. 太阳岛。位于峒河中心，即吉首市和河溪镇的中间位置，面积较大。地处 G319 国道沿线，距常吉高速公路互通口约 3 千米，距市区约 8 千米，目前成为市民常去休闲度假的理想之地。岛上设有秋千、烧烤、骑马、采摘、划船等 34 个娱乐项目，主要景观有悬索桥、农家小农场、河滩、草场。河谷小溪贯穿其中，水陆交通十分便利，是集休闲娱乐、观光审美为一体的绿色旅游观光的去处。

2. 八仙湖。坐落在河溪镇，与泸溪、凤凰交界，吉首市河溪古镇向西南方向沿公路约 2 千米处。该湖由 1978 年修发电站截断沱江而成，为不规则的长条状，总长约 9 千米，宽数百米，湖面积接近 100hm²。八仙湖周围为苍翠的群山，山下多见青灰石岩层，山顶多见红沙石裸露，山腰有星状分布的苗寨，整体景观自然和谐。景区有许多小岛，半岛莽莽森林，两岸苍松翠柏，鸟语花香，风景秀丽。景区全属于土家族，民风淳朴，风俗习惯独特，从古至今保留着古老原始的封建婚姻习俗。

3. 狮子山。位于河溪镇，峒河环绕四周，山势不高，植被葱郁，一年四季树林茂密，空气清新，更有千年古藤，依附山势而生，根茎出露于地表，盘根错节，千姿百态。此外，狮子山矿泉水较为著名。

二　产业景观

1. 农业景观。河溪镇依托交通优势，积极引导农民发展城郊型农业和订单农业。在农业经济发展的同时，一些农业基地也成为发展休闲观光农业的重要资源。河溪镇的特色农业产业园建设起步早、发展快。其中，张排村利用优越的地理环境，大力调整农业产业结构，发展一村一品的集约化基地农业，把"湘西红提基地"建设作为特色农业科技示范园来抓，以产业化经营的理念进行生产。红提基地规模大、品质高、景观独特，是发展休闲观光农业的重要资源。其他上规模的还有持久村的大棚蔬菜基地、河溪水库的网箱养鱼、楠木村的金银花基地，这些农业景观满足城市居民的审美需求，具有重要的旅游功能。

2. 工业景观。河溪镇作为吉首市的工业重镇，近年来，河溪镇党委政府坚持以"工业富镇，产业富民，科技强镇，教育兴镇"为发展思路，以"河溪镇二十公里工业长廊"及三大工业园区建设为发展关键，涌现出许多工业企业，包括河溪电站、阳成木业、河溪电化厂、边城醋业等为龙头的资源型企业、循环企业、农产品精深加工企业、矿产品加工企业等四大工业体系。其中，边城醋业、阳成木业和河溪电站是河溪镇未来发展工业旅游、科技旅游活动的重要资源。

河溪香醋由边城醋业酿造，具有190多年的历史。民国初年，河溪香醋已畅销省内及贵州、湖北、四川等大中省市。1986年河溪香醋获湖南省名优特新产品展"芙蓉奖"。河溪香醋以花红大米、八角、丁香、山奈、小茴、花椒、网桂等作为原辅料，制作工艺极为讲究，尤其是河溪香醋用出自河溪红沙岩层的泉水酿造而成，水质纯正，物理化学性能良好。边城醋业通过依大靠强，改革传统的酿造工艺，改进产品新包装，打造出了一批具有市场竞争力的"精品醋""保健醋"等优质品种。香醋发展成为河溪镇重要的旅游商品。

三　民俗节庆类

河溪镇处在少数民族地区，历史悠久，留存下来众多具有民族风的民俗节庆活动，其中，"正月十五烧龙""六月六龙舟赛""辰河高腔"等独具民俗特色的非物质文化遗产活动具有广阔的开发前景。此外，苗族绝技踩犁口、引火烧身、上刀山等，这些神秘而又传统的民俗活动，不仅是民众喜迎节日的重要活动，也是旅游的重要资源。

1. 烧龙活动。烧龙是河溪镇的民俗传统，有近300年的历史。相传在这一天远古人们打败了作恶多端的恶龙，从此过上了幸福美好的生活。人们为了纪念这一天，每逢元宵佳节的夜晚，舞起龙灯，燃起钢火，将扎好的龙灯烧得支离破碎。烧龙是勇敢者的游戏，在活动开展时，表演者和参与者赤膊上阵，围观的群众点燃钢火，对着龙身喷射，巨龙与钢火、烟与雾交织在一起，看上去，巨龙腾云驾雾，在火海中穿梭来往，场面壮观，震撼人心。

2. 龙舟赛。每年农历六月初六的赛龙舟是河溪镇的传统民间民俗活动，经常由多个县市联合举办，吸引多支龙舟队近300人参赛，有来自吉首、泸溪、古丈、凤凰、花垣等地3万多名群众观看比赛，目前龙舟赛已在州内产生较大的影响。

四 历史遗址遗迹

河溪镇历来是湘、鄂、渝、黔四省的边区经济文化重镇。几百年的沧桑巨变，赋予了河溪镇独特的魅力。这里人文古迹丰厚，有清嘉庆二年的河溪古城遗址、持久村九脑遗址、中老衙门、八仙阁、三圣宫、六王庙等历史古迹，朝阳门、云谷寺院是吉首市级重点文物保护单位，麻扎渔梁烈士墓等革命教育基地具有很高的历史价值，成为湘西科教旅游、历史文化旅游的重要资源。

第二节 河溪镇旅游产业发展的现状

河溪镇受区域经济基础、自然地理条件和旅游资源禀赋等因素的影响，旅游产业发展受到一定的限制，总体处于旅游地发展生命周期的初期起步阶段，河溪镇在旅游产品多样化、旅游产业规模化、旅游景观特色化、旅游设施完善化等方面均有待进一步提高。

一 主要产品类型和产业规模

河溪镇旅游产品的开发与旅游资源禀赋具有很强的一致性，目前旅游产品以休闲度假类为主。

（一）观光休闲类

观光休闲类旅游产品主要分布在"太阳岛""八仙湖"等休闲景区。"太阳岛"等休闲景区基础设施进一步完善，2012年，累计接待游客 1.5 万人次，实现旅游收入 16.5 万元，同比 2007 年太阳岛接待游客人次增长 50%、旅游收入增长 65%，实现传统产业和新兴产业的同步发展。"八仙湖"旅游区的"悬棺墓葬""民族风情""水上娱乐区"等旅游项目初具规模，年接待 5 万人次。新建村的"月亮岛"也独具吸引力，为河溪镇增添了一道亮丽的风景线。

（二）农业生态类

河溪镇张排村良好的农业生产效益，调动了村民的种植积极性，红提葡萄生产基地的建成，使张排村"农业观光园"的建设构想成为现实。村支两委结合"太阳岛"生态旅游区建设，引导农民采用"旅游景点 + 农业基地"的模式，大力发展"农家乐"休闲观光农业，采取大户联营的方式，加大生态旅游观光小区的建设投入，逐步完善基础设施建设，以吸引更多的游客。

二　旅游产业发展的区域概况

由于旅游资源的地域分布不同，河溪镇不同区域的旅游业发展规模和水平存在较大差异。其主要区域发展概况如下：

1. 河溪村。依靠"八仙湖"旅游景区的休闲经济，每年接待游客 2 万人次左右，创收 40 万元。

2. 渔溪村。利用"八仙湖"旅游区的地理优势，大力发展第三产业。据统计，该村从事旅游服务行业的人数有 120 多人，拥有 2 辆车、7 艘船，有效地缓解了农村劳动力过剩的问题。

3. 铁岩村。利用"八仙湖"旅游区的地理优势，大力发展第三产业。据统计，该村共有 100 余人从事第三产业，全村共有船舶 8 艘、机动车辆 3 台。

4. 河溪上、下街居委会。河溪上、下街居委会位于河溪镇集镇区内，G319 国道沿线，峒河与沱江的交汇处，辖 195 户，567 人，居民主要从事商贸和旅游服务业。居委会充分利用地处集镇区内和临近"八仙湖"旅游风景点的优势，大力发展商贸和旅游服务业，有 700 余人从事旅游服务业，年接待游客达 1 万余人次，年创收入 40 余万元，居民的生活水平得到了较大的改善，文化体育活动更是开展得红红火火。

第三节　河溪镇旅游产业发展的情景分析

一　优势

1. 交通区位。G319 国道和杭瑞高速常吉段，贯穿河溪镇 6 个村，总长 18.6 千米，常吉高速公路在镇境内设立互通口，境内峒河、沱江、万溶江及司马河汇聚，拥有库区水域面积 5800 亩，水运线长 25 千米，水陆交通十分便利，素有"吉首门户"之称，是湘西州 22 个强乡强镇之一，也是湘、鄂、渝、黔四省边区商贸经济文化重镇，如此优越的交通区位为旅游业发展奠定了良好的基础。

2. 文化底蕴。河溪镇具有独特的魅力，人文古迹丰厚，而且该镇注重民间民俗文化活动的保护，具有浓郁民俗特色的非物质文化遗产"正月十五烧龙""六月六龙舟赛"等得到了良好的传承和发扬。在 2012 年"湖南最具魅力乡镇"的评选活动中，河溪镇荣获"全省 20 强最具魅力乡镇"称号。

3. 生态环境。河溪镇注重加强生态建设和环境保护，大力开展生态村建设，居民保护生态环境的意识增强了，环境污染问题得到有效遏制，目前，河溪镇生态自然和谐，充分体现了人与自然融为一体的人居文化特色。

二　劣势

1. 旅游资源方面。河溪镇缺乏垄断性的旅游资源，旅游资源深度开发具有一定的难度。

2. 旅游产业发展方面。总体规模小，不具备比较优势，从业人数少，旅游产品单一，旅游收入低。

3. 旅游管理方面。没有形成旅游业发展部门、良好的旅游管理体制和旅游营销计划。

4. 旅游设施方面。政府投入严重不足，旅游设施主要依赖于区域原有的交通条件，专业的旅游服务设施十分缺乏。

三　机遇

1. 旅游产业发展的宏观背景。随着城市居民生活水平的提高、城市化进程的不断加快，人们的生活方式及消费方式也有了很大的转变。快节奏的生活、高楼林立的城市压迫感，使得人们在工作之余寻求放松，空气清新、绿树成荫的城市郊区成为城市居民理想的去处。通过农事生产、了解民家民俗风情、采摘水果、融入农村环境和农民生活，城市居民可达到调节身心、休闲放松的目的。

· 2. 政府对旅游业的不断重视。吉首市以统筹城乡发展为理念，以休闲消费为导向，以农业产业与农村自然资源为依托，计划在城郊打造以休闲农家乐为基础的"八特公园""八景庄园""八品农寨"，着力建设一批休闲观光农业园区、新农庄和特色村寨，力争通过几年努力，逐步形成布局合理、规模适当、特色鲜明、效益可观的休闲农业发展格局。吉首市的休闲旅游产业发展布局给河溪镇的旅游产业的发展提供了较好的外部政策环境。

河溪镇按照"山区特点、民族特色、时代特征"的总体要求，坚持"工业强镇、产业富民"的方向，走优势优化、特色彰显的发展之路、科技创新、制度创新之路，突出"城镇规模化、工业优势化、农业产业化、旅游精品化、管理科学化、社会和谐化"，实现"科学跨越、富民强镇"的目标。

四　挑战

1. 区域竞争激烈。目前吉首市已形成多个休闲旅游集聚区，如乾州古城旅游区、矮寨旅游区等，这些区域的区位优势突出、发展较为成熟，旅游产品也与河溪镇旅游产品较为相似。因此，河溪镇只有走特色发展道路，才能在市场竞争中寻得优势。

2. 生态和自然环境影响。河溪镇地处峒河和万溶江的交汇地带，峒河和万溶江分别流经吉首市中心、乾州新区和乾州的省级经济技术开发区。随着工业的发展和人民生活水平的提高，工业污水和生活废水排放量不断加大，导致水体环境受到严重的威胁。河溪镇的水质深受上游区域的影响，水质环境和生态环境受到一定的威胁，严重影响了其生态旅游产业未来发展的潜力。

河溪镇以山地居多，山区工业的发展导致森林和植被的一定破坏，水土保持能力下降，岩石碎化度高。当遇到大雨等恶劣天气时，河溪镇容易发生山体滑坡等地质灾害，影响了自然景观的完整性和美观性。

第四节　河溪镇旅游产业发展的战略及主要任务

一　发展思路和目标

结合湘西州、吉首市旅游业的发展规划及本地的旅游特色，同时结合市场需求和区域竞争情况，河溪镇以市场为导向，开发具有地方特色的旅游项目和休闲度假旅游项目，加大宣传力度，开拓旅游市场，将旅游产业建成河溪镇新的经济增长点和重要产业。

二　战略

1. 政府主导。目前，河溪镇旅游业发展还处于初步阶段，而旅游业发展的前期投入相对较大，因此政府应加强对旅游业的扶持，从资金、土地、产业、税收、人才等方面加大对旅游业的投入和扶持。河溪镇成立了旅游业发展小组，协调组织各项活动，推进实施基础建设、遗产保护、产业促进、人才培育、改革创新等五大工程，将人文文化、城郊休闲文化与旅游相结合，实现河溪镇文化、经济和社会的和谐发展。

2. 空间优化。以"太阳岛""八仙湖"生态旅游区建设为依托，构建"两核一带"的区域旅游业发展的格局。

"两核"：一核是"太阳岛"旅游区，通过生态农业、农家乐，打造生态农业旅游产品和休闲旅游产品，引导农民发展"农家乐"休闲、体验农业，走"旅游区 + 农业基地"的发展道路，提高农产品附加值；一核是通过对湖泊观光、休闲度假旅游产品的打造，"八仙湖"旅游区成为河溪镇旅游产业发展的另一个增长极。

"一带"：以 G319 国道为主线，将附近景区以串珠状的形态进行开发，通过周边景观的打造，营造河溪镇和谐的旅游氛围。

3. 利益相关者共享。积极引导、鼓励公众参与旅游业发展，对投资旅游的居民给予政策支持和重点帮扶；在投资过程中，加大对惠民性旅游设施的投资，提高居民的就业机会，改善生活环境，优化区域环境。

三　主要任务

（一）加大旅游产品开发力度，丰富旅游产品体系

充分利用吉首市近郊休闲旅游业发展迅速的优势与河溪镇旅游资源优势和，深度挖掘河溪镇人文、地理资源，实现本地自然、文化优势与旅游产业的有机结合。加大旅游产品的开发力度，重点打造"太阳岛"农业生态休闲旅游产品、"八仙湖"休闲度假旅游产品和节庆旅游产品，拓展工业旅游和康体健身旅游产品体系，提高市场吸引力。

1. 休闲度假旅游产品。充分利用河溪镇的自然旅游资源，整合"太阳岛""八仙湖"等自然旅游资源，针对本地客源市场，通过政府引导和市场参与的方式，开发旅游线路、新建和改造景区休闲度假设施、提高旅游景区内部的设施水平，提高公众参与旅游业发展的积极性。如可将八仙湖打造成吉首市的品牌水上公园，新建、改造、维修土家吊脚楼、客房、茶楼、烧烤场、民俗表演厅和会议室，开展土家餐饮、棋牌娱乐、烧烤、垂钓、土家民族歌舞表

演等活动，以提高景区吸引力。

2. 农业生态旅游产品。充分利用河溪镇阿娜村、张排村、马鞍村的生态农业，按照建设"农业观光园"的总体发展框架，建成"林果""经作""蔬菜""花卉苗木""网箱养鱼"等观光小区。积极发展乡村农业生态旅游产品，打造富有特色的农业观光园。大力发展农业采摘、种植、农家休闲等游客参与度高的旅游活动，走"旅游区＋农业基地"的发展道路，推动农业产业结构的调整，提高农民收入和农业附加值。

3. 康体健身旅游产品。利用河溪镇的森林旅游资源，尤其是狮子山旅游资源，通过设计旅游步道、美化景观和设施建设，开展森林观光游、徒步游、生态游、探险游等活动，建立吉首市民的山地公园。

4. 节庆旅游产品。在现有节庆旅游产品的基础上，继续挖掘本地民俗节庆旅游产品。首先，推动传统的"钢火烧龙""六月六龙舟赛"等地方特色活动的品牌建设，加大节庆宣传，提高公众参与度，不断提高节庆旅游产品的参与度和新鲜感，将其打造成武陵山区的品牌节庆类项目。

5. 工业旅游。利用河溪镇的工业旅游资源，开发工业旅游产品，开展工业观光游、工业科教游活动，重点吸引学生群体。加强旅游商品开发力度与深度，从产品的质量、包装、宣传上下功夫，以河溪香醋、土家织锦等已有名气的商品为重点，开发旅游商品，增加旅游收益。

（二）提升设施

加大资金投入，升级旅游设施。一是提高旅游交通设施水平，实现各个旅游景区与 G319 国道与镇中心的交通联结，提高旅游景区内部各功能区的交通通达水平，优化主干道路面；二是提高旅游服务设施水平，在重点旅游景区提供餐饮、购物、娱乐、休闲设施等方面的服务，不断提高旅游设施的服务水平，提高游客满意度，提升旅游地的形象。

（三）加强营销

旅游目的地营销水平直接影响区域旅游业的发展速度和绩效。因此，针对目标市场，政府应投入资金，加大对特定旅游产品的宣传力度，通过电视、网络、报纸的宣传，尤其是与重点网站合作，如政府门户网站和湘西生活网，实现品牌宣传，减少营销费用。

四 保障

1. 加强政府主导作用，统一规划。因地制宜，加快制定本地区旅游产业发展规划和旅游环境保护规划。

2. 加快旅游设施建设，加强旅游安全事故的监管。采用行政、经济等手段，加大保障设施的建设力度，规范旅游经营服务，提高旅游服务质量，同时，奖励支持绿色旅游企业，支持村民自主参与旅游产业发展，并提供优惠政策。

3. 加强部门间的合作沟通。政府要充分协调好旅游与建设、环保、教育、环境、工商等部门的关系和合作，协调推进、有效解决生态旅游发展的一些突出问题。

4. 加大招商引资力度，扩大融资渠道。可以采取政府投资、银行贷款、社会集资、吸引外资、私营投资等多元投资体系，设立文化遗产保护、广场文化活动、文化旅游开发等专项资金，积极鼓励民间资本进入文化领域等多种形式，形成文化产业，政府投入与社会投入相结合、多种经济成分并存的发展格局。

第五节　生态旅游村建设——阿娜村

阿娜村位于吉首市东南部 8 千米处，与吉首乡、万溶江乡相邻，G319 国道穿村而过，常吉高速公路从村里通过，并在此开设互通口。全村共辖 9 个村民小组，总户数 348 户，总人口 1576 人，是河溪农业第一大村，也是湖南省科技示范村。主要的经济作物是椪柑，农业种植以蔬菜、西瓜香瓜和水稻为主。

　　为进一步发挥"高速效应",河溪镇启动实施了阿娜村常吉高速"吉首东"出口美化、绿化工作。包括建设"吉首东"高速出口绿化带、阿娜村白鹭文化墙、阿娜村亮化工程等提质工程。目前,"吉首东"高速出口绿化工程已纳入吉首市"八百里绿色行动"建设项目,投入资金近50万元,回填土石8000方,栽植丹桂、红叶石楠、桃树、雪松、海桐球、银杏等绿化大苗2000余株,种植马尼拉草皮1900平方米,基本搭好了绿色骨架,不断提升吉首市的"东口"形象。

第五章

河溪镇新型城镇化建设

河溪镇狠抓基础设施建设，城乡面貌发生了翻天覆地的新变化。从原来只有一条国道到如今实现了农村公路"村村通"；从靠天吃水到安全水进屋；从垃圾随意堆弃到农村垃圾处理实现自动化，全镇卫生状况得到很大改善，绿化率达 67%。河溪镇随处可见青山常青、绿水长流的景象。新修的镇卫生院、文体站、农村客运站等方便群众生产和生活，各村篮球场、村民活动中心、农家书屋等基础设施逐渐完善，群众文化体育活动精彩纷呈。

第一节　城镇发展定位与规划

一　河溪城镇发展定位

河溪镇是吉首市东南片的经济中心和工业重镇，是以山水风光为主的吉首市近郊旅游基地和农副产品生产加工基地，镇区是全镇的政治、经济、文化、信息中心。河溪镇立足高起点、高标准和特色化对城镇发展建设统一规划。

1. 以人为本的城镇化。充分利用先进的科学技术，因地制宜建立适合人类生存与发展的和谐的人居环境；关注城镇化过程中居民素质的提高、优良习惯的养成和就业技能的掌握情况。

2. 可持续的城镇化。注重城镇化过程中的环境保护问题，按照"两型社会"发展理念，坚持综合、长期、渐进的可持续发展战略，实现人口、经济、社会、资源与环境的协调可持续发展。

3. 城乡协调的城镇化。在城乡统筹发展战略指导下，谋求产业发展、人口分布、居民点建设、基础设施布点、生态环境改善的城乡有机整合，促进城乡经济、社会、文化相互渗透、相互融合，达成城市与乡村共生共荣、区域整体协调发展。

4. 独具特色的城镇化。区域之间的实际差异较大，发展条件也不相同，充分发挥河溪的特色优势，强化地域特色，建设具有一定乡土特色和地域特色的小城镇，构筑新型城镇社会经济与文化发展模式。

二 河溪城镇发展目标

当前，河溪城镇化率还比较低，且质量不高。通过新型城镇化建设，河溪不仅要扩大镇域中心区面积，改善群众生活环境，而且要实现农村乡风文明、民主管理等方面的改观。

1. 优化城镇发展布局和空间结构。提高城市化水平，优化镇域村镇体系，促进城乡协调发展。依托老镇区，发展新区，完善城镇用地结构，塑造山水城镇形象。

2. 提升城镇品位，改善城镇环境。改变河溪城乡"脏、乱、差"的现象，开创城镇环境清洁、整齐、卫生、干净的新局面，最终实现城乡卫生状况良好、镇容村貌整洁、人居环境优美、交通秩序井然、文明素质提升的总体目标。建立长效机制，强化城乡环境卫生和城乡生活秩序的管理，实现生活垃圾无害化处理，在全镇做到无垃圾乱倒乱堆、无塑料垃圾乱丢乱扔，使河溪镇成为布局合理、卫生清洁的优美城镇。

3. 完善城镇基础设施。完善城镇基础设施和公共服务设施，创造环境优美、生活便利的城镇空间环境。通过完善环境卫生处理设施，如加快推进雁城街二期、中学进校路、镇自来水厂技改及河溪新材料工业园区等重点基础设施项目的建设，提高河溪城镇基础设施质量。落实千套公租房建设等重大项目，加快推进百里大桥、黄泥滩大桥、池腊坪大桥等重要基础设施建设，实现河溪城镇规模拓展。推进通组公路、公路硬化和公路改造等工程建设，构建便捷通达、路网完善、跨县通联的镇域交通网络体系，给居民出行带来便利。

4. 提高城镇居民素质。通过城乡同建同治行动，不断提升河溪人民群众的文化素质水平，加快小城镇提档升级的步伐。以河溪城镇化建设为基础，加快教育、文化和科技等基础设施建设，为居民素质提高提供硬件支撑。加快城乡一体化发展进程，加快社会主义新农村建设步伐，为农村居民提供更为完善的教育和培训体系。

5. 提高城镇综合效益。通过建设新型城镇，让河溪镇整体环境面貌彻底改观，实现河溪镇社会、经济、环境的可持续发展；通过城镇化与产业的结合，为居民提供更多的就业机会，实现居民收入水平提高的目的；强调城镇化与生态环境保护协同发展，保护自然景观资源，保持良好的生态环境，逐步创造有鲜明特色的河溪城镇人文景观。

三　河溪城镇发展规划的主要内容

为加快河溪城镇化建设步伐，河溪镇应进一步改善卫生环境，提高群众文明、健康的意识，推动城镇现代化和社会主义新农村建设。

1. 以镇区为中心，提高城镇环境质量。加快推动农贸市场及廉租房工程项目建设；继续推进以雁城街为重点的基础设施建设，不断完善镇区城镇功能，改善镇容镇貌；加大镇区环境卫生治理力度，规范镇区垃圾清扫、清运工作，实行分类袋装化，严禁垃圾乱扔、乱堆，努力营造文明卫生的集镇环境；加强对集镇规划区违规违章行为的清理整治工作，为集镇营造一个规范、整洁、卫生的环境；加强集镇自来水厂项目建设，改善集镇供水质量，改进人畜饮水工程。重点治理"三废"污染，加强对风景名胜区、万溶江、

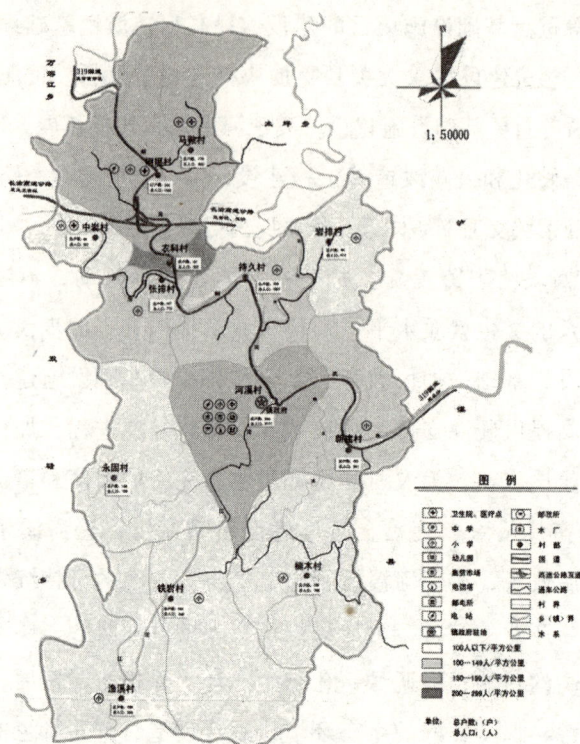

图 5—1　河溪镇域现状图

峒河、沱江、工业污染排放大户的环境检测和污染控制。

　　2. 以特色强村为重点，加大中心村建设力度。将村镇等级规模划分为"镇—中心村—基层村"三级，其中镇为河溪中心镇区，中心村为阿娜村、河溪村、铁岩村三个，其余为基层村。按照合理的带动辐射半径，以中心村为中心将镇域划分为三个区，实现以点带面的极核式发展模式。加大以阿娜村为重点的"围城靠市"村寨建设，提升河溪形象。完成有线电视数字化平移工作，确保全镇数字化电视覆盖率 100%，争取实现全镇各组都有手机信号，移动信号全镇覆盖，形成功能更加完善的特色小集镇。

　　3. 以交通设施为中心，加强村镇基础设施建设。形成以 G319 国道为骨架，乡道为补充的公路网络。着力加大村级公路修建和提质力度，做好铁岩村村级公路修建和楠木村枫香坪公路硬化工程，

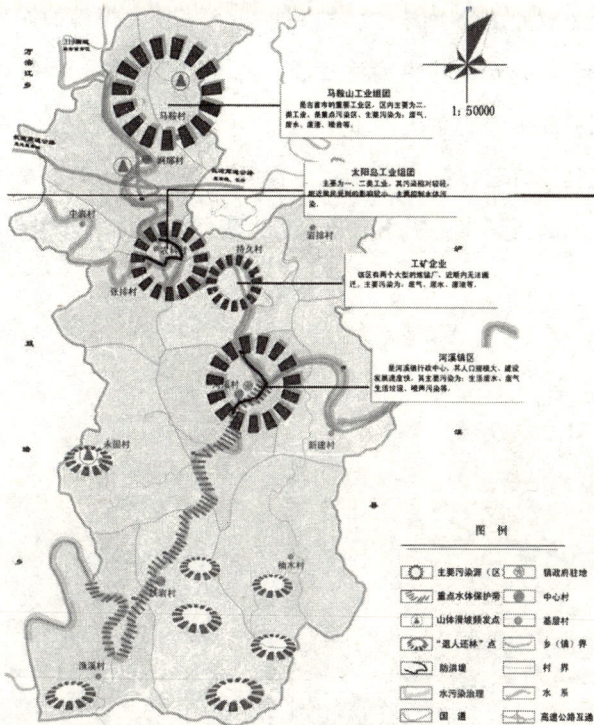

图 5—2　河溪环保规划

切实做好小城镇建设的相关协调工作。加大村级公路修建、提质力度。在基础设施配置上，基层村每村配一所初级小学，中心村配一完全小学，中心村设村级卫生所，基层村配村级医务室，邮政、电信、中学等各种设施集中设置在河溪中心镇区。着力解决工业园区配套设施问题，积极探索工业用地新机制，完善基础条件，丰富投资渠道，创造工业园区融资平台。

4. 以特色产业为支撑，加快特色小城镇建设步伐。科学规划，细化完善工业园区功能，按照"一廊三组团"工业园区规划，继续落实"二十公里工业长廊"和河溪工业小区的战略决策，并将这一工业长廊进行科学细化，确定河溪镇、马鞍山和张持三大工业区。按照"工业发展与小城镇建设、农业产业化、生态建设相结合"的原则，引进企业入园，峒河上游的马鞍村、阿娜村规划为以农产品加工企业为主的工业小区，力争引进3—5家较大规模的农产品加工企业，带动本地农业的集约化发展；中游的张排村、持久村规划为以矿产品精深加工为主的工业小区；将下游的河溪社区、新建村纳入园区规划，组建以矿产品加工、循环经济为主的工业小区，逐步引导企业向园区集中，吸引大企业、大集团入园，培育产业集群。

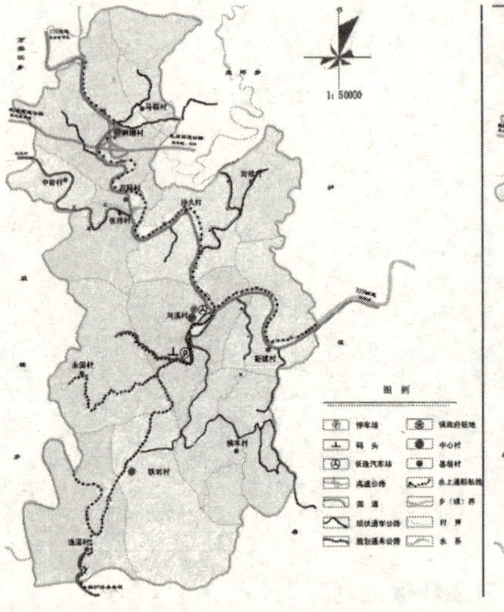

图5—3　河溪交通规划

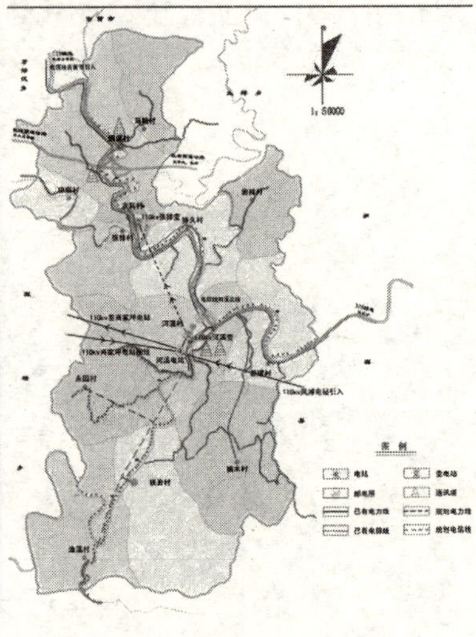

图5—4　河溪电力规划

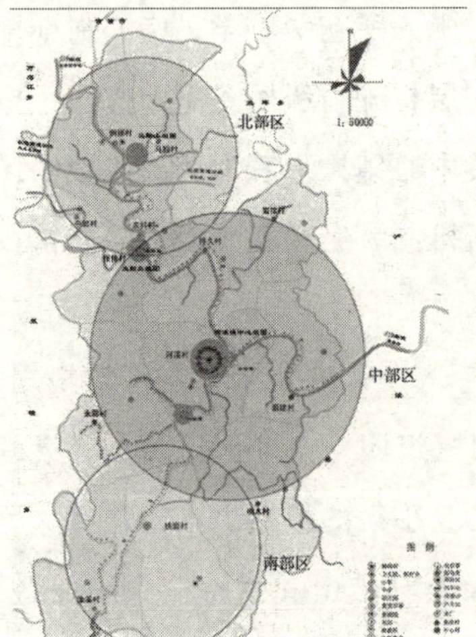

图5—5　河溪产业发展规划

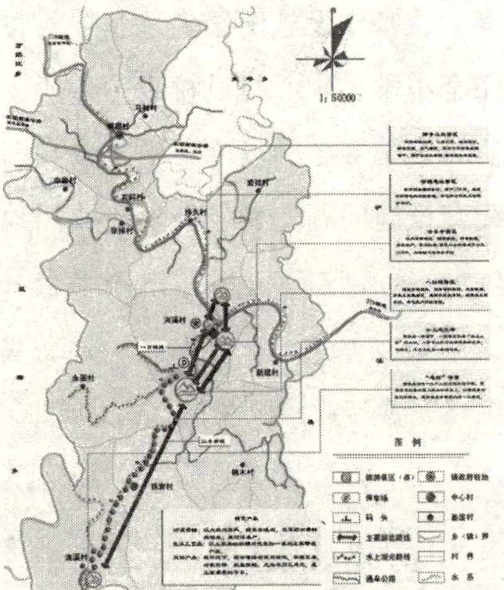

图5—6　河溪旅游规划

第二节　城建工作

一　河溪镇城建工作现状

河溪镇以项目建设为重点，加大城镇基础设施建设，着力提升中心镇品位，不断改善软硬件条件，打造特色鲜明的现代化小城镇。

1. 整合项目推进镇区建设，城镇辐射能力不断增强。依据小城镇总体规划，河溪镇着力提升中心镇的品位和档次，以增强城镇聚集力为重点，以改善民生为目标，河溪镇总投资 1000 余万元的雁城街、客运站、镇政府办公楼、文化站大楼、卫生院门诊大楼、公路沿线及镇区 53 个垃圾围和垃圾处理场已投入使用，镇区绿化、亮化已完成，新农贸市场已完成主体建设，河溪公办幼儿园、新农贸市场、学校路等配套工程正在施工；河溪镇顺利完成自来水厂的改制工作，通过打井取水，镇区居民喝上了"放心水"；积极争取廉租房建设落户河溪，第一期 48 套已建设完成且分配到户；第二期 96 套已处于封顶收官阶段；第三期 96 套已完成主体建设，廉租房片区已成为河溪镇区的"标志性建筑"。

图 5—7　镇区道路硬化改造　　　　图 5—8　新修廉租房

2. 依托项目提升"整脏治乱"水平，镇容村貌有了明显改观。河溪镇全力冲刺州"整脏治乱"示范乡镇，积极争取"升

类"项目，提升城乡建管水平。通过多措并举，河溪镇容镇貌有
了明显改善，环境卫生情况有了极大好转，群众素养有了明显提
高，河溪小城镇形象日益显现。河溪镇累计修建垃圾中转场 2
个、垃圾填埋场 1 个、大型垃圾围 2 个、路边垃圾围 150 个，做
到垃圾入围、日清月埋、集中处理，全镇卫生状况得到很大改
善；加大"整脏治乱"的执行和监管力度，查处农村乱搭、乱
建、乱堆、乱放死角，清查违规搭建建筑；实施乡村清洁工程，
马鞍村在吉首市率先引进垃圾无害化处理设施，实现了农村垃圾
处理自动化。

图 5—9　生活污水处理　　　　图 5—10　垃圾归类回收

　　3. 村级基础设施不断完善，城乡一体化进程逐步加快。投资
105 万元的楠木村通村公路硬化工程、河溪社区池腊坪通组公
路、楠木村 6.8 千米通组公路已建成使用；投资 370 余万元贯穿
河溪社区、新建村、楠木村、铁岩村的"一区三村"通村公路建
成通车；投资 30 余万元的新建村欧什溪组通组公路建成通车，
实现了河溪公路"村村通"的历史突破，全镇交通结构得到极大
改善。各村篮球场、村民活动中心、农家书屋等基础设施逐渐完
善，群众文化体育活动精彩纷呈。铁岩村、中岩村、楠木村完成
高低压线路改造，信息网络得以改善。2012 年河溪镇有线电视
普及率均达 90%，每百人程控电话增加到 42 部，城镇居民生活
条件明显改善。

图5—11　农家书屋　　　图5—12　农村公交　　　图5—13　新修篮球场

4. 积极实施小城镇建设带动战略，特色小城镇初具规模。充分发挥政府工作职能，多渠道筹资搞建设，一大批重点基础设施项目得以落实。河溪镇投资1500余万元完成渔溪、铁岩、永固、新建、楠木等村43千米村级公路建设；完成渔溪、楠木、马鞍、张排、阿娜等村24千米村级公路硬化；整修和硬化岩排、中岩、楠木等村级公路19千米，完成了马鞍村级道路硬化；投资420万元的雁城街建设项目已启动；投资42万元的客运站建成投入使用；投入5万元新修的镇区篮球场极大地丰富了群众的业余生活；投入50万元的垃圾场及10万元的街道路灯建设已建成使用。河溪镇进一步完善了峒河人饮工程，兴建饮水安全工程182处，实现了从靠天吃水到安全水进屋的现实；河溪镇完成了张排村、河溪社区饮水改造工作，自来水延伸到公路沿线7个村。

二　河溪镇城建工作措施

1. 多种措施并举，加大城建宣传力度。河溪镇调整年度城建工作思路，出台工作方案，通过组织召开党委政府班子会议，进一步明确各部门各单位的工作职责。把示范点"五化"建设提上重要的议事日程，加强领导，精心实施，加大宣传力度，形成氛围，通过张贴标语、悬挂横幅、发放宣传单和媒体报道的方式，提高居民的知晓度；河溪镇通过多种多样的宣传教育活动，增强居民的统一规划、管理、绿化意识，引导居民养成良好的卫生习惯。

2. 加大经费投入，完善城镇配套服务功能。河溪镇通过

"政府搭台、社会各界唱戏"的经营模式搞活城镇建设工作，分步实施道路硬化工程，大街小巷净化、亮化工程及农贸市场改建、污水处理、镇区周边村寨民居改造等工作。河溪镇通过选址改建垃圾中转站、科学合理地设置垃圾箱和垃圾围，完善环卫设施系统；河溪镇先后投入7万余元购置城镇环卫垃圾车，解决了城镇垃圾清运工作；投入4万余元对新街实施路面硬化以及人行道、下水道的建设，解决新街因为设施不全而造成的街道凌乱、污水乱流等难题；投入1.5万余元实施路灯设备改造、垃圾场便道维修工作。

3. 齐抓共管，做好城乡容貌整治工作。河溪镇建立以镇党委书记挂帅、班子成员挂片、政府和社区干部包路段，每天督查、发现问题立即处理的工作模式，着力提升镇区的容貌和品位，整修镇区主干道破损路面，改造主干道路灯及背街小巷路灯，绿化镇区内G319国道及雁城街道两侧，清理整治镇区下水道，整治电力电信"多线一杆"；拆除违章建筑，启动沿街两侧可视面民居、沿街商铺雨棚改造，促使沿街建筑协调统一；社区与临街店面签订《门前三包责任书》，与居民户签订《禁止垃圾下河责任书》，落实辖区店面"门前三包"责任制并加强对水源环境的保护。

4. 完善管理机制，落实城建措施。为加快实施小城镇带动战略的步伐，河溪镇成立了以党委书记为组长，镇建设所、国土所、财政所、司法所和派出所等有关部门负责人为成员的小城镇建设领导小组，定期听取小城镇建设的工作汇报。镇党委政府将城镇管理列入小城镇建设的议事日程，先后制订出台了《卫生保洁制度》和《镇区摊位管理制度》，成立了"整脏治乱"工作领导小组并组建河溪镇城管中队，依法行使城镇管理执法职权，确保镇区基础设施、公用设施、公用绿化地带的维护和管理；落实车主承诺制，完善停车场使用，镇区内所有机动车全部按指定位置停放。

5. 完善交通设施，实现公路村村通。河溪镇完成河溪社区池腊坪 1 千米通组道路、楠木村 6.8 千米通村公路以及岩排村 1.4 千米通组道路硬化工程；完成镇区主干道路面 1000 平方米的修复工作，铺设沥青道路面积 8000 平方米；总投资 1500 余万元新修完成渔溪、铁岩、永固、新建、楠木等村 43 千米的村级公路建设，完成中岩、河溪社区、楠木、马鞍、张排、阿娜等村（社区）24 千米的村级公路硬化工作。

第三节　城镇绿化、美化与亮化

一　城镇绿化、美化与亮化现状

河溪镇结合实际，深入开展"整脏治乱绿化"专项行动，将其作为构建和谐河溪、树立河溪良好形象、为人民群众办好事办实事的重大举措来抓。自开展"整脏治乱"工作以来，河溪镇"脏、乱、差"现象得到了明显遏制，农贸市场、交通秩序、基础设施、卫生保洁等方面得到较大改善，环境卫生明显好转，镇容镇貌明显改善，居民素质明显提高，交通秩序整顿初见成效，有力推动了小城镇建设工作的有序开展。2012 年河溪镇被评为全州"整脏治乱示范乡镇"，社会治安综合治理、计划生育、安全生产等工作均进入州市先进行列，城镇绿化、美化和亮化不断提升。

1. 城镇绿化逐步推进。河溪镇美化了高速公路出口人行便桥，制作了以"谷韵吉首"为核心语的大型欢迎广告，完成 G319 国道与高速公路下线之间的三角区域绿化、路灯安装、武陵石铭字、白鹭文化墙建设等工作；完成了常吉高速公路"吉首东"出口的绿化，栽植丹桂、红叶石楠、桃树、雪松、海桐球、银杏等绿化大苗 2000 余株，种植马尼拉草皮 1900 平方米；加大以阿娜村为重点的"围城靠市"村寨建设，新建常吉高速公路"吉首东"出口绿化带 1400 余平方米，镇区绿化带 150 余平方米。

图5—14　高速公路出口绿化　　　图5—15　路边垃圾围

2. 城镇美化亮化显著改善。河溪镇推进以 G319 国道镇区段、雁城街、电站路周边为重点的镇区美化、亮化工作，实施镇区环境综合整治工程，营造文明卫生的集镇环境，完善镇区功能，改善镇区容貌。河溪镇完成 G319 国道沿线及镇区背街小巷亮化工程，新装标准化 LED 高杆路灯 50 盏及简易路灯 140 盏；完成镇区内雁城街主街道拉通工作；完成镇区主街道两侧可视面民居改造；解决农村乱搭、乱建、乱堆、乱放问题，令镇容镇貌焕然一新。

图5—16　镇区亮化工程

3. 城镇卫生环境显著改善。河溪镇完成标准化遮雨棚 800 平方米；新建路边垃圾围 150 个，做到垃圾入围、日清月埋、集中处理，全镇卫生状况得到很大改善；完成垃圾收集系统建设，包括建设垃圾中转场 2 个，更换垃圾收集桶 500 个，配备垃圾收集车、洒水车各 1 辆；建立城管卫生日常工作队伍，确保治乱绿化行动专业化。河溪镇通过组建城管劝导人员队伍和清扫保洁人员队伍，促使镇区"整脏治乱绿化行动"工作专业化、长效化。

4. 森林覆盖率显著提高。河溪镇推动"八百里绿色行动"绿化工程建设，大力加强公路周边、河流两岸、水库四周的绿化工程建设，做好退耕还林后续管理和生态公益林等重点工程建设，搞好绿化苗木补植、调整镇区主干道两侧绿化树种的工作，全面完成绿化任务。河溪镇完成了峒河沿岸、G319 国道沿线 9 个村、2400亩、12.8 万株的绿化定植任务，确保了生态平衡，全镇森林覆盖率提高到 65%。

5. 生态环境保护有序进行。河溪镇有效利用电能、生物能、小水电等多种农村资源，结合当前农村"猪—沼—果""猪—沼—菜"等生态农业模式，有力保护农村生态环境。河溪镇依托"整脏治乱绿化"行动，完成镇、村绿化 60 余平方千米，绿化率达到67%，河溪随处可见青山常青、绿水长流的景象，达到了天然氧吧的效果。

6. 工业环境治理稳步推进。河溪镇加强水源、土壤污染治理，提高饮用水质量，加强峒河、沱江流域和司马河流域水资源保护。大力发展循环经济模式，淘汰落后的生产工艺和生产技术，加快再生资源回收体系建设，重点加大对锰、锌等矿产品加工企业污染治理的力度，推进节约发展、清洁发展、安全发展。河溪镇力争全镇废气、废水排放达标率分别达到 90%、95%，自然资源投入产出率提高 20%，主要再生资源循环利用率提高 60%。

二　城镇绿化、美化与亮化措施

为进一步改善人居环境，加大打造文明、清洁、和谐新农村建设的步伐，河溪镇采取各种措施确保"整脏治乱"工作取得实效，实现城镇的绿化、美化和亮化。

1. 政府高度重视，落实各级部门职责。河溪镇成立"整脏治乱绿化"专项行动领导小组，制定了"整脏治乱绿化"三年推进计划及具体行动方案，层层划定管理范围、落实职责，与镇机关各单位签订"门前三包"责任书；建立健全领导机构和工作机制，定期召开党政联席办公会议，研究和解决工作中遇到的困难和问题；将"整脏治乱"工作层层落实到各村、组，上下联动，齐抓共管，形成合力。

2. 加大宣传，提高居民参与积极性。河溪镇大力营造"人人关心、人人支持、人人参与"的强烈氛围，形成"整脏治乱"的强大合力，促进工作深入开展。召开各村（社区）会议，由各村三大主干与镇政府签订目标责任书，推动各村"整脏治乱绿化"工作的有序开展；加大宣传力度，在《团结报》《团结网》、吉首市电视台等媒体进行宣传，张挂宣传标语、发放宣传资料进行宣传；制定《河溪镇"整脏治乱"管理公告》并张贴在交通主要干道和人流集中地区，实现处罚有规章可循；在镇区主要公路干线、十字路口、车站、农贸街上张挂宣传横幅，发放两信一通告（即《给广大车主的一封信》《致广大群众的一封信》以及《河溪镇"整脏治乱"行动通告》），扩大广大居民对"整脏治乱"的知晓率和参与率，提高全民的环境、卫生、文明意识。

3. 加大投入，完善基础设施。河溪镇财政拨出专项资金，加大对"整脏治乱"基础设施建设的投入，在全镇原有 40 个垃圾池的基础上新增垃圾池 20 个，配备垃圾运输车 1 辆，聘请保洁人员 5 名，河溪社区新增垃圾桶 50 多个，对垃圾集中处理场的道路投入 8 万元进行维修；实施路灯亮化工程，河溪镇多渠道筹集资金，先后在 G319 国道沿线、河溪社区境内安装路灯 120 盏。

4. 各部门紧密配合，开展系列重点整治工作。河溪镇将"整脏治乱"工作与为人民群众干实事相结合，深入村寨，发动群众，指导整治房前屋后的环境卫生，开展了评比文明户等形式多样的宣传活动，整治各村寨存在的柴草乱垛、粪土乱堆、垃圾乱倒、禽畜乱放等现象，改善人民群众的生活环境。

5. 明晰责任主体，建立长效工作机制。河溪镇组建清扫清运队伍，配备清扫人员，聘请专门的垃圾清运队伍，加强各村经常性保洁工作，保证垃圾不过夜。各村每年安排 2000 元经费聘请了一名环卫保洁员，对各村（社区）乱吐乱扔、乱贴乱画、乱排乱倒、乱停乱行等行为进行人力监督以及清理。

6. 完善机制，落实监督和保障措施。健全领导责任制度、举报公示制度和目标考核制度，将"整脏治乱"工作与改善居民工作学习环境和生产生活条件及新农村建设紧密结合起来，切实解决河溪镇"脏、乱、差"问题。加大督查力度，镇"整脏治乱绿化"小组办公室定期对各村（社区）、镇直单位的工作进行督查检查，发现问题及时指出，并要求责任单位限期整改；制定考核考评、责任追究制度，纳入年终目标管理考核；镇政府与各村（社区）、镇直单位签订"整脏治乱绿化"专项行动责任书，各村民（社区）委员会与所辖区单位、农户、门面摊位签订"门前三包"责任书，划定责任区域，将"整脏治乱绿化"工作责任落到实处；开展"整脏治乱"进学校、进社区、进村组、进家庭的"四进"活动，对社区、公路沿线等重点区域的"脏、乱、差"现象进行认真排查，采取有效措施进行整改，定期、不定期对各部门脏乱问题和整治情况公示整改结果。

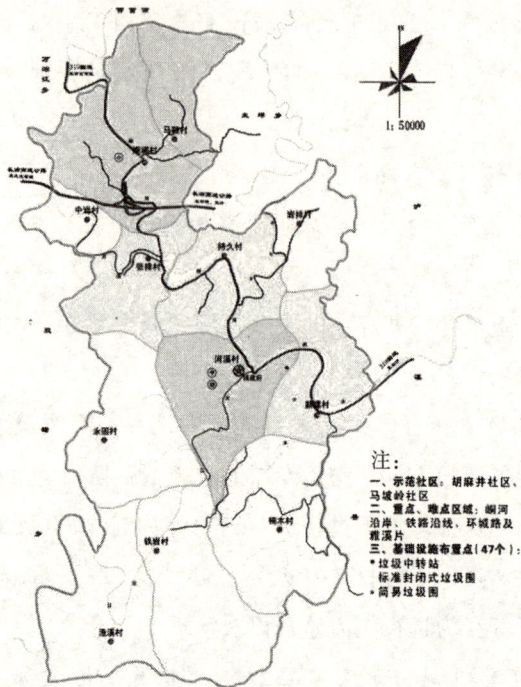

注：
一、示范社区：胡麻井社区、马城岭社区
二、重点、难点区域：胭河沿岸、铁路沿线、环城路及雅溪片
三、基础设施布置点（47个）：
• 垃圾中转站
□ 标准封闭式垃圾围
• 简易垃圾围

图5—17   镇域脏乱整治图

垃圾池数量：马鞍村5个，阿娜村24个，张排村

8个，持久村8个，新建村5个，河溪社区10个

第四节   城镇综合管理措施

河溪镇城镇综合管理措施主要包括下列几个方面的内容。

1. 宣传上"视音书画"四到位。河溪镇利用录像、音响、宣传栏、横幅、传单、漫画等多种宣传方式，全面宣传城乡同建同治工作，在全镇形成人人关心、全民参与的良好氛围，充分调动广大人民群众参与城乡同建同治活动的积极性，引导全镇居民积极参与，教育群众增强健康意识、卫生意识、环保意识，倡导科学、健康、文明的生活方式。

2. 治理上"摊棚车渣"四规整。河溪镇抓好街道秩序和环境卫生的集中整治活动，重点整治乱搭乱建，实现街道两侧干净整洁，落实门前"四包"，禁止店外堆放、店外经营、占道经营、占道作业；加快农贸市场建设，一切摊位入市经营，严禁流动商贩占道沿街贩卖；加强车辆停放的管理，进入集镇需要停靠的所有车辆一律按规定停靠，严禁在集镇区域内乱停乱放，所有载客车辆一律进站上下客人；严惩无序占道停车、阻碍交通的行为，整治营运微型车违规载客的现象，解决好客运车车容车貌和车内卫生等问题。

3. 环境优化上"净亮绿美"。河溪镇全面改善人居环境，着力提高文明程度，实现城乡环境净化、亮化、绿化和美化。全镇做到无垃圾乱倒乱堆、无垃圾塑料乱丢乱扔，在全镇基本实现可视范围内看不见"白色"垃圾。大力开展村庄环境绿化，坚持保护原有绿化和新增绿化并重的原则，积极推进公路两侧、河道两岸的绿化。

4. 垃圾处理上"收埋焚填"。河溪镇按照"户分类，组收集、村转运、镇处理"的模式建立环境卫生长效保洁机制，每户两个垃圾桶，按照可回收和不可回收进行分类，通过垃圾的分类收集，不仅可以直接回收大量废旧原料，还可以减少垃圾处理量，以实现垃圾处理的"三化原则"，即"减量化、资源化、无害化"。河溪镇制定规章制度，严禁乱倒生活垃圾和建筑垃圾，生活垃圾用垃圾篓、垃圾箱或塑料袋封装，按规定时间、地点上车；要求各村负责组织对辖区内的垃圾污物进行集中收集、清运和处理，做到垃圾污物日产、日清。健全基础设施，做到村村有垃圾收集房，户户有垃圾桶。建设正规的垃圾处理焚烧填埋场，确保集中收集的生活垃圾能得到及时的无害化处理。

5. 落实城镇综合管理责任制。进一步推动"门前三包"（包卫生、包绿化、包秩序）责任制的落实。镇区的单位、门店、居民大院及集贸市场等产权单位、使用单位均为"门前三包"责任单位，要求其必须承担"门前三包"的责任和义务。河溪镇建立健全河道保洁制度，按照"河畅、水清、岸绿"的要求，全面整治镇域内的河流，聘请专人负责河面、河滩的保洁工作，基本做到

"河面无漂浮物，河岸无垃圾"，严禁随意向河岸倾倒垃圾。

6. 落实城镇综合管理"考评奖惩"制度。河溪镇安排一定资金，采取以奖代补的方式，给予考核结果优秀的村一定的资金支持；出台专门的规章制度《关于清理整顿河溪镇容环境卫生秩序环境的通告》，严禁未经批准擅自占用、挖掘、毁坏道路等违法行为和违法建设行为。

第五节　城镇建设中存在的问题及解决思路

一　城镇建设中存在的问题

自从湘西州城乡同建同治开展以来，河溪镇环境有了很大的改善，但是受资金等多种因素的制约，河溪基础环境设施严重薄弱，已经影响到河溪小城镇建设的开展。

1. 城镇建设投入严重不足。部分区域整治难度较大，特别是镇财政资金十分紧张，个别问题成为老大难。政府保障能力有限，由于乡镇财力有限，对城镇化的投入非常有限，加上河溪特殊的地理环境，导致城镇建设的成本比其他地区更高，增大了城镇化的难度。

2. 基础设施建设严重落后。河溪镇各村的基础设施建设水平比较薄弱，相当部分村组便道未硬化，部分村寨没有固定垃圾围，垃圾无法及时清理，造成工作难度大，工作效率低，保洁工作难持续。河溪镇只有 G319 国道沿线实现了垃圾的集中收集，自然寨垃圾收集尚未实现全覆盖。垃圾转运不及时，目前河溪镇垃圾转运，只能做到 1 周 1 次。垃圾无害化处理设施和能力相对缺乏，河溪镇无正规的垃圾焚烧填埋场，垃圾处理只能做到简易填埋。生活污水收集处理设施建设相对滞后，已成为影响地表水质的重要污染源。

3. 居民素质和意识有待进一步提高。不少居民缺乏整体环境的保护意识，不能积极参与到环境保护工作中来。不少村寨的年轻劳动力已基本外出，仅剩老人与小孩，城乡同建同治整村的推进工作难以落实。

4. 城镇化措施落实难度偏大。难以吸引到大型的产业建设项目，产业城镇化的落实难度比较大。

5. 城镇化的质量偏低。由于区域本身的经济基础薄弱，城镇化的各种设施相对于发达地区严重落后；同时由于区域教育体系不完善，居民的文化素质底下，就业技能欠缺，难以适应新型城镇化发展的需要。

6. 工作任务重。河溪镇汛期长，河域广，河道垃圾经常淤积，水域垃圾管理缺乏明确的责任部门，工作难度大、任务重、工作开展相对滞后。

二 城镇化建设的解决思路

1. 科学谋划，加大基础设施投入。逐步落实各村组便道的硬化，对各村的垃圾收集与处理系统进行完善，在人口相对集中的聚居地，修建固定垃圾收集池，配备垃圾收集环卫车，为每家每户配备垃圾筒，帮助群众养成良好的环保意识。吉首市移民局投入资金，兴建垃圾围，确保全村每寨每组全覆盖，实现垃圾集中处理。

2. 转变思路，拓展城镇化建设融资渠道。成立河溪镇小城镇建设投资公司，增强河溪小城镇自身"造血"发展功能；以强化基层财政实力，增强基层招商引资和服务发展的能力，努力实现"强镇活农"。

3. 扩大宣传力度，提升居民的城镇化认同度。城乡同建同治宣传已初见成效，但在具体贯彻落实时，仍存在着工作难落实、成效难保持、群众不积极的现象。河溪镇应在传统宣传模式基础上，要求村市直单位、驻村干部上门上户进行同建同治宣传，进一步深化群众对同建同治的理解，保证同建同治工作开展的推进。

4. 成立行政综合执法队，落实城建工作措施。在河溪成立行政综合执法中队，对辖区内乱搭乱建，占道经营及环境破坏等系列违法行为进行执法，保证同建同治行动的落实。

5. 强化管理，明确相关责任主体。针对河溪库区、河道垃圾清理工作量巨大这一实际，河溪镇应建立长效机制，制定出切实可行的同建同治村规民约，同时聘请保洁员，用于平时保洁。

6. 重视教育培训，提高城镇化质量。除了基础设施建设以外，在城镇化过程中要高度重视教育在城镇化过程中的作用，不断完善区域教育体系，为居民提供就业培训服务，提高人口质量，达到提高城镇化质量的目的。

7. 争取支持，做好城镇规划。争取政策和资金支持，并与高校、科研单位等进行产学研合作，根据河溪实际，尽快制定城镇化发展规划，以加快城镇化发展的进程，镇政府加强与各单位联系，及时对各村的同建同治工作进行反馈，指导各村顺利开展工作。

第六节　河溪镇城镇建设规划(节选)

第二章　镇域村镇体系规划

第9条　本规划所称河溪镇镇域指河溪镇行政区范围，包括所辖13个村及2个居委会，总面积98.5平方公里，现状人口12126人。

第10条　人口和城镇化水平预测

1. 镇域总人口预测。河溪镇镇域人口规模预测采用综合增长率法，确定规划期内河溪镇人口发展的规模为：至2020年为32000人。

2. 镇域城镇化水平。根据河溪镇城镇化发展的实际情况，参照省、自治州以及吉首市的城市化水平的预测，确定河溪镇2020年城镇化水平为46%。

第11条　村镇规模等级结构

1. 村镇体系规划。规划村镇等级规模结构为"镇—中心村—基层村"三级，其中镇为河溪中心镇区，中心村为阿娜村、河溪村、铁岩村三个，其余为基层村。

按照合理的带动辐射半径，以中心村为中心对镇域划分为二个区，实现以点带面的极核式发展模式。2020 年各中心村人口规模分别为：阿娜村 1700 人，河溪村 7000 人，铁岩村为 200 人。

分区	中心村	基 层 村
北部区	阿娜村	马鞍村、中岩村、农科村
中部区	河溪村	张排村、持久村、永固村、楠木村一部分、新建村、岩排村
南部区	铁岩村	渔溪村、楠木村一部分

第 12 条　镇域基础设施规划

在基础设施配置上，基层村每村配一初级小学，中心村配一完全小学，中心村设村级卫生所，基层村配村级医疗室。邮政、电信、中学等各种设施，集中设置在河溪中心镇区。

第 13 条　镇域交通规划

形成以 G319 国道为骨架，乡道为补充的公路网络。充分利用境内的水系网络，增强内河航道的通行能力。

第 14 条　镇域环保与防灾规划

重点控制和治理"三废"污染。加强对风景名胜区、万溶江、峒河、沱江、工业污染排放大户的环境检测和污染控制。镇区垃圾集中收运处理，实行分类袋装化，严禁乱扔、乱堆。

洪涝灾害。河溪镇百年一遇洪水淹没线标高为 181.0 米，"太阳岛"以及镇区老城区部分需修筑防洪堤。

第 15 条　镇域电力电信规划

1. 电力规划。提升镇区变电站等级为 110 千伏，在"太阳岛"组团新建 110 千伏变电站一所，建立完善的以镇区变电站为中心的 110 千伏输电网。

2. 电信规划。扩充镇区电信局容量，推进现有通信网向图像、数据信息网过渡，为以计算机为中心的多媒体技术进入奠定基础。

第 16 条　镇域旅游规划

以"八仙湖"为龙头，在原有的建设上继续加大力度对"八仙湖"进行开发，利用州级旅游资源，打造州级旅游景点。以镇区为主要接待中心，围绕镇区的旅游资源进行合理的开发利用，将附近几个景点进行"串联"开发。

第 17 条　生态环境保护区

水源保护区。主要包括对峒河、万溶江、沱江及"八仙湖"进行保护。保护范围分别为河道两岸岸线分别向陆域纵深 20 ~ 80 米及水库至周围山体的山脊线。

基本农田保护区。主要包括由《河溪镇土地利用总体规划》确定的需要保护的耕地，坚决制止建设占用农业用地的现象，通过土地整理、开发、复垦等措施确保对耕地资源的保护。

风景名胜区。主要指"八仙湖"、狮子山、云谷寺等。

第三章　城镇性质和规模

第 18 条　城镇性质

河溪镇是吉首市东南片的经济中心和工业重镇，是以山水风光为主的吉首市近郊旅游基地和农副产品生产加工基地，是全镇的政治、经济、文化、信息中心。

第 19 条　城镇规模

规划到 2020 年，城镇总人口 1.5 万人。规划用地面积 3.43 平方千米（其中生态农地 1.814 平方千米，城镇建设用地 1.616 平方千米），城镇人均建设用地 108 平方米。

第四章　城镇总体布局

第 20 条　布局原则

按照提高环境质量和生活质量、完善社会服务设施和基础设施、优化产业结构、提高产业现代化水平等现代化城镇标准进行城镇布局。

第 21 条　组团式的城镇结构

规划河溪镇为"一中心两组团"式的城镇结构。一中心为现政府所在的中心组团，两组团为马鞍山工业组团及"太阳岛"第一、二类工业组团。

第 22 条　城镇建设用地发展方向与职能

老镇区。以现状建成区为基础，在充实和完善老城区的基础上，城镇主要向北发展，并适当向南越过沱江在西南角发展小块工业用地。老镇区为全镇的政治、经济、文化中心，以商业、居住、文化娱乐功能为主。

马鞍山工业组团。重点发展以马鞍村为中心，由四周山地以及峒河所围合的山谷地带，其次结合常吉高速公路出入口，发展一部分仓储用地。马鞍山工业组团以工业、仓储为主。

太阳岛休闲娱乐组团。发展以峒河西、乾洲河以北的用地，同时开发峒河中的太阳岛为绿化公园。太阳岛休闲娱乐组团以工业、休闲旅游为主。

第六章

河溪镇新农村建设

社会主义新农村建设是指在社会主义制度下，按照新时代的要求，对农村进行经济、政治、文化和社会等方面的建设，最终实现把农村建设成为经济繁荣、设施完善、环境优美、文明和谐的社会主义新农村的目标。新农村建设是在我国整体上进入以工促农、以城带乡的发展新阶段后面临的新课题，是时代发展和构建和谐社会的必然要求。河溪镇结合镇内实际情况，以加快推进农村全面小康建设步伐为目标，以基础设施建设为重点，以增加农民收入、提高村民整体素质和生活质量为根本，按照"生产发展、生活宽裕、乡风文明、村容整洁、管理民主"的要求，推动社会主义新农村建设，全镇社会主义新农村建设颇见成效。

第一节　新农村建设面临的困难和问题

河溪镇虽是湘西州 22 个强乡强镇之一，但相对国内其他地区，特别是沿海发达地区，总体经济社会发展水平还存在很大的差距，新农村建设的基础条件薄弱。新农村建设面临的困难和问题主要表现为以下四个方面：

一　农业生产力水平低下

河溪镇的农业总体上还属于粗放型,加工能力低,产业化经营尚处在初级发展阶段。在农作物种植和畜产品养殖过程中,更多地追求数量的增长,不注重质量的提高,忽视品牌效应,多以零散种养为主,尚未形成规模效应和集约效应。与此同时,农产品加工大多停留在初级生产、加工上,精深加工很少,因而农产品科技含量低、附加值不高、竞争力较弱。由于农业生产力水平低下,工农业生产总值和居民收入总体不高,2007 年,河溪镇工农业生产总值30393.4 万元,其中第一、二产业分别为 3841 万元、26552.4 万元;2007 年,农村居民人均纯收入为 2372 元,城镇居民人均纯收入 4605 元,仅是全国平均水平的 57.3% 和 33.4%。

二　农村投入有待进一步加大

免征农业税后,河溪镇农村的基础财力剧减,财政"缺口"大,省、州、市下拨的转移支付勉强维持镇、村组织机构运转。农村基础设施和农业生产条件改善投入严重不足。由于受农村基础设施投入不足的制约,部分村的生产生活基础设施还处于比较落后的水平,导致农业抗风险能力薄弱。

三　农村劳动力素质偏低

农民思想还比较保守,传统的小农意识根深蒂固,生产、生活和行为方式都与现代社会生活的要求差距甚远。在思想素质方面,普遍存在"小富即安"的心理,缺乏干大事、创大业的开拓进取精神;在文化素质方面,农村居民受教育程度普遍偏低,对新事物、新技术缺乏认识,从而阻碍了接受新事物、学习使用新科技的能力;在技能素养方面,具有一技之长的人比较少,导致种地只能粗放经营不能集约经营,打工则只能卖苦力打粗放工,严重地制约了农民的增收;在道德素质方面,赡养父母、尊老爱幼等传统美德有滑坡趋势，关心集体、热心公益等集体主义观念正在逐步淡化。

四　农村社会事业建设滞后

河溪村总体上的医疗卫生、科技、文化、教育、社会保障等各项社会事业发展水平普遍较低。农村医疗条件差、医疗水平低、农民生一场大病往往意味着返贫。同时农村医务人员水平低，医疗卫生状况令人担忧。科技文化投入不足，底子薄、基础差、人才缺、资金少、设施差的状况未从根本上改变。绝大多数的村没有文化活动室和相应图书，缺乏多种形式的文化活动和体育活动。市、镇没有稳定的公共财政，对社会保障的投入严重不足，最低生活保障制度、养老保险和医疗保险制度有待完善，农村困难群体保障体系薄弱。

第二节　新农村建设的主要目标

针对新农村建设面临的困难和问题，河溪镇结合实际情况，努力推进和实现河溪镇农业产业化、农民知识化、村镇文明化、保障社会化和管理民主化。

一　农业产业化

加快农业结构调整，鼓励规模化经营，重点发展农村经济合作组织，实现家庭经营和联合组织经营的优势互补。努力培育农产品加工龙头企业，引导企业与农户建立风险共担、利益共享的联接机制，提升农业产业化水平。加快农村劳动力转移，努力在第二、三产业上拓展农民增收空间，增加农民收入。

二　农民知识化

大力发展农村义务教育，加大对农民科技文化知识教育和免费的实用技术培训，让他们掌握一项致富的技术，加大对外出务工农民的职业技能培训，开发和充分利用农村劳动力资源的潜力，加强对农民经营管理知识的教育，培养出"有文化、懂技术、会经营"的高素质的新型农民。

三 村镇文明化

编修村镇规划，推进现代化村镇建设，改变农村面貌。积极推进农村的"四改"（改环境、改容貌、改卫生、改观念），加大对农村公路、农电网、电视网、电话网等基础设施的建设投资，改善镇村环境；采取推行农村饮水改造、发展户用沼气、实行人畜分离和垃圾集中处理等措施，改善农村卫生状况；改变传统观念，提高农民发展循环经济和生态保护的意识，树立良好的文明乡风，建设资源节约型、环境和谐型的社会主义新农村。

四 保障社会化

全面推行新型农村医疗保险，积极推行农村养老保险，建立健全农民最低生活保障制度，建立和完善农村社会救助制度，探索建立城乡衔接、公平统一的社会福利制度。

五 管理民主化

引导农民积极参加民主选举、民主决策、民主管理、民主监督活动。全面实行村干部"直选"和村支部"两推一选"制度，完善"一事一议"、村务公开、民主监督等制度，保障农民依法行使民主权利。

第三节 推进新农村建设的举措与内容

河溪镇以基础设施建设为重点，以增加农民收入、提高村民整体素质和生活质量为根本，按照"生产发展、生活宽裕、乡风文明、村容整洁、管理民主"的要求，采取各项措施，积极推进新农村建设。

一　强化领导，制订工作方案

为保证新农村建设的顺利进行，河溪镇组建了社会主义新农村建设工作领导小组及办公室，负责指导、协调、督促全镇新农村建设工作的开展，同时要求各村组建新农村建设工作机构，结合自身实际，开展新农村建设。河溪镇制定了《河溪镇社会主义新农村建设方案（试行）》，马鞍村制定了《马鞍村新农村建设"十二五"规划（2011—2015年）》，为新农村建设奠定了组织和制度基础。

二　树立典型，利用先进典型推动全镇新农村建设

河溪镇马鞍村是吉首市社会主义新农村建设的示范点，是闻名全州的社会主义新农村建设的先进典型，是交通便利、生态文明、经济发展、生活富裕、社会和谐的省级社会主义新农村，河溪镇抓住马鞍村这一新农村建设的典型在全镇村、组推广。

三　城乡统筹，促进和谐发展

将发展农村生产力、建立现代农业、增加农民收入放在第一位，全面提升农村经济发展。统筹城乡发展，财政支出、固定资产投资和信贷投放向农村倾斜，取消对农民进城就业的各种限制，建立以工促农、以城带乡的长效机制；建立城乡统一的劳动力市场和公平竞争的就业制度；抓好统筹规划，城乡市场的统筹发展，城乡基础设施的统筹建设，城乡教育、卫生、社会事业的统筹发展和城乡社保制度的统筹，让农村和农民真正分享城市化、工业化的建设成果。

四　加大农村投入力度，强化政府服务功能

统筹各方力量，形成工作合力，大力推动社会公众资源向农村倾斜、公共设施向农村延伸、公共服务向农村覆盖、城市文明向农村辐射。积极调整财政支出结构，不断加大对农村教育、卫生、交通、电力、通信、农田水利等基础设施和生态环境建设的投入力

度，不断改善农民的生产生活条件，提高城乡基础设施的共享度，解决农村生产生活基础设施严重滞后的瓶颈制约。通过加大对农村公共产品的支持力度，让公共服务更多地深入农村、惠及农民，弥合各项公共事业方面的城乡差距。

五　加快推进农业产业化，建立农民收入持续增长机制

农业产业化是促进农民增收的根本途径，因此在积极抓好农业生产，确保生产安全的同时，大力调整农业和农村经济结构，发展特色农业、绿色农业和生态农业，加快推进农业产业化经营，集中力量扶持成长性好、竞争力强的龙头企业，延伸产业链，提高农业经济效益。加快发展农村专业合作经济组织，引导农民主动融入大市场。通过选择优势项目，制定优惠政策，营造宽松的发展环境。招商引资兴办农副产品加工业，加快发展农产品精深加工业，提高农业附加值。组织实施"阳光工程"，加强对外出务工农民的实用技术培训，提高农民的就业能力和就业率。

六　规划新农村建设，加快推进新村镇建设

按照"分类指导、重点推进、逐步发展"的原则进行规划，先选择条件好、有特色的村进行试点，根据各村特点，按照"因地制宜、合理布局"的原则，搞好村镇规划建设，条件好的可以高起点规划建设，其余地方可适度超前。规划设计力求形式多样，既可生态庄园式，也可农村社区式；既可分散村落式，也可城郊集中式。严格规划管理，建新拆旧，逐步推进，实现城镇化建设目标。

七　继承与发扬并重，促进乡风文明建设

通过定标准、树典型，加强监督，奖惩分明，建立健全文明乡风的评比奖励机制；引导农民发展民俗文化表演，带动地域风情旅游；利用电视、报纸、宣传队、文艺演出队、科技宣传队等各种形式送文艺下村，加强先进文化在农村的传播速度和覆盖范围，让中

国特色社会主义先进文化占领农村阵地；继承并发扬农村自身所拥有的文明传统，提倡尊老爱幼、邻里团结、不打架不骂人、爱护公物、遵纪守法、遵守社会公德的良好乡风民俗。

八　加快促进农村教育、卫生、社会保障等各项社会事业全面协调发展

在推进农村义务教育体制改革，增加教育投入，减轻农民负担的同时，建立城乡教师的合理交流制度，加强师资队伍建设，提高教师素质。进一步巩固完善新型农村合作医疗制度，建立便民的征缴制度、就医制度和结算制度，探索建立参保农民小病受惠制度，让农民真正看得起病。以政府公共财政为主导，建立多渠道社会保障资金投入机制，建立新型的农村基本养老保险制度、农村合作医疗制度和农村最低生活保障制度，让农民老有所养、病有所医、贫有所济。建立、健全新型社会救助体系，逐步构建起以最低生活保障制度为基础，以就业帮助、医疗救助、教育救助等为补充的多元化新型社会救助体系，做到农村低保水平与农民人均纯收入同步增长，使城乡居民同享改革发展的成果。

第四节　新农村建设的成效

随着新农村建设力度的加大及国家、省、州、市政府对于"三农"问题的日益重视和农业投入力度的不断加强，各项支农、惠农政策相继出台和贯彻落实，极大地调动了农民发展农业生产的积极性，农村经济稳步发展，农民生活水平显著提高，农民生产生活条件逐步改善，科技文化教育发展加快，农村经济与各项社会事业正朝着全面协调可持续的方向发展，河溪镇社会主义新农村建设取得了可喜的成绩。

一　农业产业结构得到调整，特色农业成为农民增收的亮点

河溪镇积极坚持发展"林果""经作""蔬菜""花卉苗木"

"网箱养鱼"等特色经济的工作思路，农业经济得到进一步发展，2012年河溪镇粮食产量4104吨，椪柑种植面积8482亩，总产量达4853吨，产值达534万元，农业总产值4169万元，农民人均收入2750元。河溪镇的农业产业结构得到调整，特色农业成为农民增收的亮点。其主要表现为：

1. 农业优势产业开始凸显。马鞍村积极开展"林果""经作""蔬菜""花卉苗木""网箱养鱼"五大产业园区的建设；张排村开展"湘西红提基地"建设；持久村黄泥滩开展"大棚蔬菜基地"的建设，2012年蔬菜种植面积8600亩，蔬菜总产量500万吨，总产值100万元；河溪镇依托"太阳岛"生态旅游区的建设，引导农民发展"农家乐"休闲、体验农业，走"旅游区＋农业基地"的发展道路，提高农产品附加值。

图6—1　持久村大棚蔬菜基地

图6—2　马鞍村无公害椪柑基地

图6—3　楠木村金银花种植基地

图6—4　张排村红提种植基地

图6—5　渔溪村土鸡精养殖基地　　图6—6　河溪水库网箱鱼基地

2. 培育新型农民。河溪镇重点抓好农村劳动力转移和失地农民的就业培训，鼓励和支持农民走出家门自主创业。2012 年，全镇共转移就业人员 2900 人，其中新增转移就业人员 430 人，技能培训人数 123 人，有力推动了全镇的劳动保障工作。

图6—7　农民积极参加新型　　图6—8　河溪镇种养殖业创业培训班
　　　　　农民培训

3. 畜牧水产业发展加快。河溪镇积极改良畜牧品种、有序推进生态养殖，有效落实春秋两防和防疫网络建设，2012 年全镇共出栏生猪 5748 头、牛 48 头、羊 325 只，出笼家禽 3.2 万羽（只），养殖业结构出现可喜调整。为了调整优化渔业结构，河溪镇根据该镇养殖水域面积大、无污染、环境优美的特点，指导库区各村结合实际情况组织实施网箱精养，提高水产附加值，2012 年全镇完成改造精养网箱 438 口，投入资金 17.52 万元，提高了水产养殖的综合效益。

4. 林业工作得到加强。2012 年，河溪镇调动苗木 10 万株，对张排村、河溪社区、新建村造林地有损失的进行补植补造。"八百里绿色行动"造林 94.5 亩，栽植栾木、樟树、假丝柴乌桕、木棉等各种苗共 17190 株。在吉首市农业局的大力支持下，河溪镇高标准完成了中岩村 300 亩的造林任务，河溪镇全年办理民用木材采伐 20 立方米，查处林业行政案件 11 起，挽回经济损失 8900 元。

5. 农村税改成果进一步巩固。2012 年，河溪镇发放种粮直接补贴资金 87268.37 元、农资综合直接补贴 521009.62 元、中稻良种补贴 96955.65 元、玉米良种补贴资金 36064.5 元、退耕还林粮食补贴资金 262332 元、退耕还林生活补贴资金 19620 元、摩托车下乡补贴资金 17274.4 元，全面采取"一卡通"形式将补助资金及时足额地发放到补贴对象手中。

二 基础设施建设不断强化，村容镇貌得到明显改善

河溪镇积极争取国家政策和项目，组织实施生态建设、农网改造、人畜饮水改造、镇村道路建设、镇村环境整治等一批基础设施项目建设，农村基础条件进一步改善。一是小城镇基础设施得到完善。依据小城镇的总体规划，河溪镇着力提升中心城镇品位和档次，增强城镇聚集力，努力打造具有鲜明特色的小城镇建设。河溪镇投入 380 万元的廉租房建设、投入 420 万元的雁城街建设项目已启动，投入 42 万元的客运站、投入 50 万元的公路沿线及镇区垃圾围和垃圾处理场以及投入 10 万元的街道路灯建设已建成使用，小城镇建设步入快车道。二是村级基础设施不断完善。投资 40 余万元的渔溪村级公路、投资 150 余万元的永固公路已投入使用；投资 125 万元的中岩村道路硬化工程已完成；河溪镇完成了张排村、河溪社区的饮水改造工作，完成铁岩村、中岩村、楠木村高低压线路改造；河溪社区池腊坪 1 千米通组道路、楠木村 6.8 千米通组道路以及岩排村 1.4 千米通组道路硬化工程已完成；投资 370 万的后山村公路以及投资 30 多万元的新建村欧什溪公路建成通车。目前，

全镇有线电视普及率均达到98%，城镇居民生活条件明显改善。

图6—9　新修垃圾围　　图6—10　公路两旁绿化　　图6—11　新建的廉租房

三　强化道路、能源、环境建设，人居环境得到改善

近年来，河溪镇不断加强农村道路基础设施、能源、环境建设，农村人居环境得到显著改善。一是道路基本通村通组。至2012年5月铁岩路全线贯通，河溪公路村村通成为现实。二是能源结构趋于合理。全镇积极推进沼气工程建设，粪便综合利用和无害化处理，优化农村能源结构，林木砍伐明显减少，有效地保护了森林资源。三是"整脏治乱绿化"行动取得实效。河溪镇建立健全集镇卫生管理机制，农村"脏、乱、差"的环境明显改善。

四　环境建设效果明显，生态旅游业逐步发展

河溪镇按照可持续性发展战略，依托本地资源优势，走生态建设与旅游产业相结合的道路，发展休闲、娱乐等假日性旅游。"八仙湖"风景区的"民族风情""水上娱乐""休闲度假""垂钓"等旅游项目、"太阳岛"假日休闲地深受游客青睐，大大刺激了消费增长。生态建设方面，河溪镇抓好峒河沿岸封山育林及退耕还林工作，严厉打击乱砍滥伐现象，巩固了生态建设成果。同时，河溪镇还加快对人文旅游资源的开发力度，将生态旅游建设推向深入。环境建设方面，2012年河溪镇完成了40个垃圾围和垃圾场的建设，杜绝了生活垃圾、农产品垃圾下河的现象。大力发展循环经济模式，淘汰落后生产工艺和生产技术，加快再生资源回收体系建设。河溪镇重点加大对锰、锌等矿产品加工企业的污染治理力度，

2012 年全镇废气、废水排放达标率分别为 88%、92%，自然资源投入产出率同比提高 18%，主要再生资源循环利用率同比提高 62%，有力地保护了生态环境。

五　科技教育加快发展，农民素质不断提高

随着农村经济的稳步发展和农民收入的不断提高，河溪镇逐年加大了对教育和科技的投入，争取湖南省八件实事资金 201.178 万元重修卫生院及中心小学教学楼、学生宿舍。同时不断加大对农民科技培训力度，组织实施了新型青年农民培训、科技入户等科教工程，每年培训农民达 2000 人次以上，培养了一大批农村科技能人。广大农民积极学用新型科技，农用新科技在农村得到广泛普及。

六　统筹经济社会发展，社会各项事业全面进步

河溪镇扎实开展新型农村合作医疗和城镇居民医保等工作，自 2010 年来，全镇参合人数 11987 人、参合率达 95%，共计住院人数达 1856 人次、门诊人数 7832 人次，兑现参合补助金 17 万元，切实解决了农村群众和城镇居民看病难、看病贵，因病致贫、因病返贫的问题。同时，还利用河溪浓郁的地方文化传统，举办"六月六龙舟赛"、正月十五"钢火烧龙"等特色民俗文化活动，促进了地方文化事业的发展。河溪镇对农家书屋建设工程、文化信息资源共享工程、现代远程教育工作、农村电影放映工程有序开展，各项社会事业全面进步。

图 6—12　正月十五"钢火烧龙"　　图 6—13　农家书屋

七　党建工作得到加强，干部作风明显转变

河溪镇在有效开展新农村建设的基础上，通过各项措施打造新农村建设干部队伍。一是建立健全党委各项工作制度。重点制定了党委议事制度、领导分工制度、干部驻村制度、领导联系企业制度、工作督察制度、接待制度、首问责任制度、党风廉政建设制度等一系列规章制度，为党委工作的正常运转和干部管理提供了保障，通过制度管人，增强了干部管理的公正性和规范化。二是加强党委班子成员的学习。重点抓好领导班子和中层干部理论学习，建立完善理论中心组学习制度。加强对中心组的学习进行督促，组织好理论学习交流，逐步形成了以党委班子成员学习带动全体干部职工理论学习的良好局面。通过学习、讨论、撰写心得等形式，使广大干部振奋了精神，创新了新农村建设的思路。三是发挥远程教育资源的作用。河溪镇成立了远程教育办公室，配备12名管理人员，开展新农村建设的各类培训。2012年集中开展各类培训20余次，接受教育培训的人数2400余人次。为农民群众举办科技致富专题培训10余场次，解决生产、生活问题80多个。远程教育已经成为提高农村群众素质的有效途径，成为促进农业增效、农民增收的得力助手。四是创办"干部论文论坛"专栏。为干部理论学习、调查研究提供有效载体，把"干部论文论坛"作为学习的一项重要工作，同时，也作为转变干部作风的实施手段，要求干部每季度上交一篇学习论文、调查报告或民情日记，一经政府简报采用或发表，给予精神和物质鼓励。"干部论文论坛"专栏的开设激励了干部深入实际，深入基层，主动寻找问题，发现问题，让新农村建设接地气。五是加强后备干部队伍建设。采取正确的用人机制，干部出现人人争先的工作风气，同时在村干部选拔使用上，按照"靠得住、有本事"的要求，选好配强农村党支部书记，不断改善村级班子的整体结构。由于干部管理抓得实，镇干部做到了每月下村不少于15天，对所驻村的情况做到"五知"：知村里的基本情况；知贫困人口数、

户数和特困户基本情况；知村干部思想、心理状况；知村要解决的突出问题；知村民群众迫切希望解决的热点难点问题。下村做到"三必访"：矛盾多、问题多、群众意见大的组和户必访；五保户、特困户必访；农村有特殊威望或贡献的老党员、老干部必访。

八 民主法制不断健全,基层组织进一步加强

在河溪镇11个村、1个社区实行了村干部直选制度,全面推进了村党支部"两推一选",一批懂科技、会经营、善管理、讲奉献、有知识的农村能人、致富能手进入"两委"班子,农村干部队伍整体素质有了较大的提高。在全镇全面建立和推行的村务公开、民主管理工作机制,逐步走向规范化、制度化的轨道。

第五节 新农村建设的发展思路

面对当前农村社会经济发展的新形势、新特点和新要求,河溪镇党委、政府针对河溪镇整体经济社会发展水平较低、新农村建设的基础较差的现状,积极探索新农村建设的路径、措施,提出了未来新农村建设的发展思路。

一 创新思维方式,实现工业对农业的真正反哺

按照建设社会主义新农村的要求,河溪镇坚持工业反哺农业、城市支持农村和"多予少取放活"的方针,在"多予"上下功夫;坚持统筹城乡发展的基本方略,在统筹上做文章;坚持用工业化思维谋划农业发展,在工业化上找出路,形成一套既有连续性又有创新力的工作路数。河溪镇继续实施 G319 国道"二十公里工业长廊"的战略;积极促进湘西"榜爷"腊肉、大唐食品有限公司等在建项目尽快完工投产;切实抓好企业环境的综合治理、优化企业服务,积极支持边城醋业、阳成木业等规模企业做大做强;努力促成一批新材料、新能源等节能型、环保型企业落户河溪。

二　提升城镇品位,加快新型小城镇建设步伐

按照"统一规划、科学布局、分步实施、整体推进"的思路,河西镇多措施并举加快小城镇建设步伐。加快推进雁城街二期、中学进校路、镇自来水厂技改及河溪新材料工业园区等重点基础设施项目的建设,充实河溪城镇内质;积极汇报衔接,尽快落实千套公租房建设等重大项目;加快推进百里大桥、全力推动黄泥滩大桥、积极争取池腊坪大桥等重要基础设施的建设,做大河溪城镇规模;以争创全州"整脏治乱"示范乡镇为契机,继续推进以 G319 国道镇区段、雁城街、电站路周边为重点的镇区美化、亮化、绿化工作,深入实施镇区环境综合整治工程,努力营造文明卫生的集镇环境,完善镇区功能,改善镇区容貌;尽快启动阿娜五组通组公路的建设,努力争取河溪社区至硬寨公路硬化及硬寨至泸溪解放岩公路的建设、大坳田至泸溪洞的公路改造、永固通村公路的硬化及二期建设,全力构建便捷通达、路网完善、跨县通联的镇域交通网络体系。加大以阿娜村为重点的"围城靠市"村寨的建设,加快推进常吉高速公路"吉首东"出口周边绿化、亮化、美化的建设,切实提升河溪城镇品位。

三　整合现有资源政策,发挥区位产业优势,做大做强专业合作社组织

1. 用好政策。河溪镇积极协调农经、国土、信用社等有关部门,在专业合作组织领照办证、场地征用、融通资金等方面给予扶持,在信息、项目技术等方面开启绿灯,力争在网箱养鱼、花卉种植、特色农业及椪柑、茶叶等农业优势领域,新办专业合作组织8—10家。

2. 用活政策。围绕优势产业,采取政府扶持和政策引导相结合的方式,把专业合作组织"扶上马、引上路、送一程";创造条件,鼓励有一定实力的专业合作组织向股份制企业发展,力争突破

1—2家，成为行业龙头带动企业；积极争取，在全力整合各种资源办好马鞍村专合组织"红色股份"试点的基础上，力争再新办"红色股份"试点村（社）1—2个。

3. 强化引导。加强对专合组织的培训、指导，切实搞好配套服务，支持专合组织做大做强。依托农民专业合作组织的人员、技术、产品、基地资源兴办特色农庄，努力探索"专合组织＋特色农庄"的发展路子，以专合组织发展引领全镇农业产业化提质升级。

四　加强惠民、利民、为民工程的建设，构建良好的干群关系

1. 加强惠民事业建设。利用河溪浓郁的地方文化传统，继续办好"六月六龙舟赛"、正月十五"钢火烧龙"等特色民俗文化活动，促进地方文化事业发展；进一步规范农村公交车运营，推进移动信号全镇覆盖工程，加强食品、药品监管力度，不断提升人民群众的生活水平。

2. 加快推进利民工程。加快河溪公办幼儿园、河溪中小学校园建设，优化教育资源配置；改善人居环境，完成楠木、永固、阿娜、岩排、坝头等饮水困难村组的人畜饮水工程的建设15处以上，完成村道硬化的建设15千米以上。

3. 加紧"为民"工作开展。深入开展"创先争优"活动，不断总结提炼长效机制，全面推进"学一技、联一户、解一难"活动，扎实推进镇村两级村务公开，全力打造"公开型、服务型、阳光型"政府，切实为群众办好事、做实事、解难事。

第七章

新农村建设的试点村——马鞍村

第一节　马鞍村简介

马鞍村位于吉首市东大门 7 千米，距常吉高速公路阿娜互通口和 G319 国道仅 1 千米，交通十分便利，信息流通快。全村土地总面积 4.2 平方千米，共辖 7 个村民小组，全村 192 户、920 个户籍人口、848 个常住人口、劳动力 497 个，7 个生产小组分居 5 个自然寨，有 23 个党员，设 3 个支委、7 个村委，有由 20 人组成的联防队 1 个。计划生育协会 1 个。耕地总面积 848 亩，其中稻田面积 452 亩、旱地 396 亩、宜林荒山 660 亩，森林覆盖面积 73.14%。村境内地势开阔、阳光充足、土地肥沃、樟木溪环绕村寨汇流司马大河，环境优美、生态完好，是一个集休闲、度假、钓鱼游玩的好地方。

该村是吉首市社会主义新农村建设示范点。马鞍村引导农民进行产业结构调整，发展高效农业生产。全村共开发椪柑、南丰蜜橘、脐橙等优质水果，达 867.5 亩，总产量达 703 吨，产值 84.6 万元；推广"瓜—稻—菜"连作，蔬菜种植面积达 1136 亩，产量 1147 吨，产值 36.2 万元。该村在社会主义新农村建设活动中，带动农民谋发展、创收入、得实惠。马鞍村以小康村庄建设为重点，加大基础设施建设，在村容村貌、道路交通、水利设施、生态环境、村民活动阵地、家庭卫生保洁等方面苦下功夫，改善农村人居环境，提高群众生活质量。

第二节 马鞍村试点村实施方案

为全力推进马鞍村新农村示范片建设，扎实开展以"完善基础设施、农村环境卫生整治、三年绿化行动、改善民生民计、强化文明新风"的新农村建设内容，马鞍村制订如下实施方案：

一 发展原则

1. 坚持科学发展。始终把发展作为第一要务，统筹协调好"经济、政治、文化、社会和生态文明"五位一体建设；注重资源节约、科技创新和环境保护，实现可持续发展。

2. 坚持基础先行。加快以交通为主的基础设施建设，不断增强基础设施的支撑能力，发挥基础产业的带动作用，通过增强发展动力，进一步破解制约发展的"瓶颈"。

3. 坚持开放带动。营造优质高效的服务环境、诚实守信的信用环境、公平公正的法治环境、文明和谐的人文环境。加快开放合作，创新招商方式，突出引进先进理念、先进技术、优势企业，以开放促开发，以开发促发展。

4. 坚持人本发展。把促进人的全面发展作为加快转变发展方式的根本目的，坚持发展为了人民、发展依靠人民、发展成果由人民共享，不断提高人民生活水平，真正把发展的出发点和落脚点体现在富民、惠民、安民上，实现富民与强村的有机统一。

二 主要任务

（一）大力推进农业现代化

1. 发展现代种养业。加强农业综合生产能力建设，大力推广农业新品种、新技术，努力提高农产品的产量和质量。严格保护耕地，加快农村土地的整理复垦。发展椪柑生产，在稳定1500亩椪柑面积的基础上，加强主产乡镇椪柑的品改和提质，强化市场、精品和效益观念。发展无公害蔬菜产业，结合村四季花卉工程，加大大寨土地流转进程，大力发展现代设施的蔬菜基地，建设标准大棚4—5个。合理布局养殖业地理位置，借助村道硬化工程，合理利用开发玉带溪两岸土地，积极发展禽畜养殖业，争取到2015年，生猪年出栏达到1000头，家禽1万羽（只）。

2. 改善农业装备条件。一是加强农田水利建设。推进以农田、水利及中低产田地改造为主的工程建设。二是推进农业机械化。随着村内机耕道硬化工程的加快，马鞍村应提高农业机械的应用水平，力争农业机械化作业面积占种植面积60%，以农业机械化助推农业现代化。

3. 健全农业综合服务体系。加大对农业科技推广、农民实用技术培训等方面的投入，提高农民的科技素质，实现由劳力型向技能型的转变、生产型向经营型的转变，培育新型农民。完善农产品质量标准体系、质量检测体系和质量安全监管体系，加强动植物病虫害防控体系建设，严格产地环境、投入品使用、生产环节等全过程的监管，提高农产品竞争力。建立政策性农业保险制度，提高农业生产经营抗风险的能力。

（二）大力推进现代服务业发展

1. 加快文化旅游产业发展。结合马鞍村丰富而独特的乡村休闲游憩资源，凭借优越的地理位置、充足的客源市场和马鞍村新农村建设以来较高的知名度，借助便利的交通和完善的基础设施，马鞍村以5千米的玉带溪为纽带，在幸福亭的下方，建设4个供休闲娱乐的大草坪，可观赏的10000株成片的硬化林、桃花林、垂柳林、杜鹃林；河中放养10000尾鱼苗并修建100个垂钓蹲位；恢复老屋场古乡水碾、榨油坊、水车各1座；重修跳桥3座；创建300

块碑林的词山诗海；修建老屋场观景台 1 个及 250 米的码头；新建 4 千米长的公路通向仙峰山寺庙，3 公里的林中石板路；另外配套修建 2—3 家农家乐餐馆、一个现代观光农业基地。建成后将成为可停放 80 台车辆、游客容量达 1500 人、年营业收入 96 万元、年利润 45.8 万元的集自然、乡村、文化、宗教等风格为一体，可供观赏、参与、体验的乡村休闲游憩地。

2. 加快服务业发展。通过打造乡村休闲游憩地，带动交通运输、商业服务、邮电通信、餐饮服务、文化娱乐和农副产品加工等相关行业的发展，直接解决 30 人就业，间接吸收 100 人回乡创业，促使全村人均增收 800 元。

（三）大力推进基础设施建设

把基础设施建设作为经济社会发展的坚定平台，坚持以项目为支撑，着力打造适度超前、功能完善、配套协调、高效可靠的基础设施支撑体系。

1. 完善道路硬化工程。完成现有的东西环路硬化工程，争取一切可以利用的资金，加强对村组公路的维修和养护；结合工业园区建设和四季花卉基地建设项目，配套完成相关的基础设施。

2. 兴修水利工程。配合乡村休闲游憩项目，加速维修整治 5 千米的玉带溪水利建设，增强防洪防旱能力；兴修渠道、节水窖，加强农田水利工程建设和椪柑园地建设。

3. 加快推进信息化建设。在保持现有电视广播、移动通信、电信服务的基础上，开通宽带服务，加强与外界信息化交流的力度。

（四）大力推进生态文明建设

强化节能减排、环境整治和生态保护，发展循环经济，努力实现马鞍村经济发展的绿色转型，促进人与自然的和谐相处，建设生态马鞍、宜居马鞍。

1. 合理开发和利用资源。集约利用土地资源，科学编制土地利用总体规划，严格执行基本农田保护，加强工业园区布局规划与土地利用总体规划的衔接。继续深化土地开发整理，合理调整用地布局和基本农田分布，提高土地利用效率。合理开发水资源，完善供水、引水和蓄水设施，推广农田节水灌溉等各项节水设施和技术，节约利用能源。

2. 加强环境保护。积极开展农村生活污水治理工作，因地制宜建设农村生活污水治理设施，大力推广生态农业生产模式和技术，加强对化肥农药、畜禽水产养殖、农村白色污染等农业面源污染的综合防治。

3. 合理布局产业用地规划。划分工业园区、农业开发区、生活区、生态观光区，严格限制高污染企业入驻，保证马鞍村第一、二、三产业合理搭配，最大限度利用有限的土地资源。

4. 加大生态建设。加强生态公益林建设，巩固和扩大退耕还林成果，进一步提高森林覆盖率，加强自然保护区的建设和管理，完善森林生态体系建设，加大天然林保护力度，保护和合理利用现有森林资源，主要道路绿化普及率达到100%。

（五）加大招商引资力度，吸收村内剩余劳动力

配合河溪镇的"十二五"规划，河溪镇在大寨村外开发工业园区。引进轻污染、劳动密集型企业入驻，解决村内剩余劳动力和外出务工人员回乡就业的问题，预计可吸纳250人就业。

（六）大力推进和谐社会建设

1. 重视教育发展。重视适龄儿童的教育，实现100%适龄儿童入学接受教育；鼓励完成义务教育的学生就读高中和中专；对考入高等院校的家庭进行奖励；鼓励大学生回乡创业。

2. 培养新型农民。加大对农民先进农业技能的培训力度，增强农民的维权意识和法律意识。

3. 夯实社会保障。完善城乡居民最低生活保障、社会福利、社会救济和社会互助制度。积极发展民政事业，加大困难群体扶持力度，建立城乡社会救助体系，确保困难群体基本生活；积极探索建立和完善农村社会保障制度，扩大以大病统筹为主的新型农村合

作医疗制度改革试点，建立农村贫困家庭医疗救助制度，进一步做好农村"五保"、优抚对象、重度残疾人贫困的生活保障工作；重视保障妇女儿童权益；加强社会福利事业建设，积极推进住房、教育等专项救助工作，切实保障困难群体的基本生存权利；完善优抚保障机制和社会救助体系，支持社会慈善、社会捐赠、群众互助等社会扶助活动。

三 具体工作

马鞍村试点村应着力完成如下 12 项具体工作：（1）加固黄茅潭大桥；（2）硬化村级公路 4.2 千米；（3）修建通户道路 4500 平方米，其中红石板路 560 平方米；（4）修建村部 1 栋；（5）修建农科教培训中心学校 1 所；（6）修建面积为 3500 平方米的娱乐体育广场；（7）实施人畜安全饮水工程，现全村自来水入户率达到 70%，解决大部分村民的饮水困难问题；（8）修通组级生产道路 2500 米；（9）在公路、小溪旁植树 2500 株；（10）实施乡村清洁工程，建立核心示范户 60 户，推广弃物收集池 10 处、垃圾收集池 2 处、养殖污水处理系统 2 处、厌氧净化池 10 处、生态塘 1 处、化粪池 30 处、植物—土壤处理池 30 处、排水沟 1250 米，配置垃圾桶 300 个、垃圾清运车 1 台；（11）修建溪坝 2 座；（12）修建幸福亭。

四 资金来源

根据试点村建设的主要任务测算，共需资金 200 万元。资金来源如下：（1）加大镇财政投入力度，镇财政安排一定资金用于马鞍村试点村的新农村建设，以奖代补，给予做得好的村一定的奖励扶持。（2）加大争项争资力度，项目资金实行打捆使用。（3）积极争取市直帮扶单位的资金支持。（4）各村引导农民加大自筹资金的投入。

第三节　马鞍村试点村新农村建设
工作取得的主要成效

一　生产得到极大发展

1. 生产基础设施得到明显改善。马鞍村大力修建水利设施，对重点农田保护区进行整体规划。对 33 米灌溉渠进行彻底维修，以提高灌溉区 80 多亩农田的抗旱防洪能力。同时，加强对公路的修建工作，试点方案实施前，马鞍村的公路约 4 千米，且全部是高低不平的土石路，2009 年试点方案实施后，马鞍村从质和量两个方面加强自身的公路建设工作。从质的方面看，该村将原来的土石路全面升级为水泥路，并加宽到 4.8 米；从量的方面看，该村在原来 4 千米的基础上，再延长 3 千米新路。一个是向生产基地延长；另一个是向家门前延长，延长后的公路真正起到了连接纽带作用，为马鞍村的农业生产提供了便利。

2. 产业结构有了明显改善。多年来，马鞍村全部产业是清一色的农业，产业结构单一，且都是自给自足的水稻、玉米等，多样化和市场化的道路根本没有形成。试点方案实施后，马鞍村非常注重产业结构的调整。马鞍村将农业的单一化产业结构向多样化结构不断推进，将单纯的水稻种植向多产品种植转变，成立了椪柑生产基地和销售点，并投资兴建了养猪和养鸡基地（见图 7—1），马鞍村的产业结构向前推进了一大步。

3. 农副产品产量有了明显提升。马鞍村兴建了富民"新产业"。马鞍村土地充足、交通便利、生态良好、气候适宜，适宜发展蔬菜种植业。在抓好土杂鸡、山羊、生猪养殖生产的基础上，马鞍村将椪柑产业作为富民强村的第一主导产业来抓。在稳定 1500 亩椪柑面积的基础上，马鞍村加强主产乡镇椪柑的品改和提质，强化市场、精品和效益观念，保证椪柑年产量。2012 年，全村共计开发椪柑、南丰蜜橘、脐橙等优质水果 1500 亩，挂果面积 980 亩，

图 7—1　马鞍村零污染养鸡基地

年产量达 150 万千克（见图 7—2）。种植西瓜、蔬菜 480 亩，年产量达 70 万千克。结合村四季花卉工程，加大大寨土地流转进程，大力配套发展现代设施蔬菜基地，建设标准大棚 4—5 个。到 2015 年，无公害现代化设施蔬菜基地面积将达 50 亩以上。在加强种植业发展的同时，马鞍村加强了对养殖业的空间布局和产量的提升工

图 7—2　马鞍村椪柑生产基地

作，使养殖业的布局更加合理，产量得到明显提升。例如，该村借助村道硬化工程，合理开发利用玉带溪沿溪两岸土地，积极发展禽畜养殖业，预计到 2015 年生猪年出栏 1000 头，家禽 1 万羽。为了使马鞍村的种植和养殖产业找到正确的方向，吉首市政府和河溪镇政府邀请专家现场指导，提供市场信息，搭建销售平台，积极扶持，取得了良好的绩效。

二　村民生活明显宽裕

1. 村民的收入水平不断提高。马鞍村虽然靠近吉首市区只有 7 千米，但长期以来并没有发挥好自身的区位优势，村民的收入水平一直以来都在低水平徘徊。2008 年全村实现农业总产值 220 万元，人平纯收入达 2280 元。2009 年试点方案实施后，马鞍村力争提高村民的收入水平。一方面，鼓励强壮劳动力到外地打工；另一方面，注重自身产业结构的调整。在一系列的政策实施后，该村村民的收入在 2010 年有了实质性的提高，从原来的 2280 元提高到 3000 元左右。村民的收入水平不仅有了提高，而且收入结构也有了明显的改善。从原来的单一收入结构演变成多样化的收入结构，打工收入等非农业收入成了马鞍村村民收入中最基础的部分。收入水平的提高和收入结构的改善为马鞍村村民生活的改善提供了良好的经济基础。

2. 村民的生活设施不断完备。长期以来，马鞍村村民的生活设施比较落后，拥有电冰箱、家用摩托、互联网络、电视机和移动手机的家庭占比率较低。据统计，2008 年前马鞍村现代生活设施的拥有率只有 25%，75% 的家庭过的都是非常简单的生活。试点方案从 2009 年实施以后，虽然只过去了短短的 4 年时间，但马鞍村的生活有了翻天覆地的变化。2013 年 6 月马鞍村的抽样调查结果表明，该村的现代生活设施完备率超过了 60%。在具体的数据上，截至 2013 年 6 月 30 日，马鞍村已经拥有电视机 190 台，电话（手机）550 部，摩托车 35 台。除了上述现代生活设施有了明显改善外，马鞍村的楼房设施也有了实质性的改观，4 年来，农户新建楼房 140 栋。

3. 村民的医疗有了坚实的保障。医疗问题一直以来都是马鞍村村民最关心的问题之一。医疗设施简陋和医疗经费不足是长期困扰村民健康水平的两大"瓶颈"。虽然马鞍村拥有人口 900 人左右，本应该拥有一个设施相对完整的医疗机构，但事实并非如此。2008 年前，该村的医疗设施十分陈旧，人员配备简单。自从实施新农村建设试点后，该村的医疗设施有了明显的改善。2010 年，吉首市投资 25 万元建立了马鞍村村级"一站式"医疗服务机构。一站式医疗机构成立后，长期困扰该村村民的看病难问题有了明显的改善。过去那种一生病就必须往市区跑的局面有所改变。小病可以在本村医务室及时就诊。为了将马鞍村建设成为真正意义上的幸福村，河溪镇加大对马鞍村医疗方面的支持力度，市政府和镇政府花了更多的资金投入到农村合作医疗中，化了更大的精力说服马鞍村村民加入农村合作医疗，据统计，截至2013 年上半年，全村加入农合的人数高达 780 人，参合率约为90%，比其他行政村的比率略高。

三 村容得到明显改善

1. 垃圾处理工作收效明显。马鞍村实施乡村清洁工程，建立核心示范户 60 户、推广生弃物收集池 10 处、垃圾收集池 2 处、养殖污水处理系统 2 处、厌氧净化池 10 处、生态塘 1 处、化粪池 30处、植物—土壤处理池 30 处、排水沟 1250 米、配置垃圾桶 300个、垃圾清运车 1 台。户户配套垃圾筒，维修了村生态塘；修建了零排放无污染养猪场，计划发展规模养殖 100 头以上；建沼气池98 口，占全村总户的 54%；建设垃圾中转站，加大清扫保洁力度，集中清理卫生死角，切实解决村场巷道、农贸市场周边等重点区域的"脏、乱、差"问题。

2. 村容工程稳步推进。为了使马鞍村的村容有显著性的改变，全村村民群策群力,修整加固了黄茅潭跨河大桥,硬化了4.2千米村级公路;修建通户道路4500平方米,其中红石板路560平方米;修通组级生产道路2500米;修建村部1栋、农科教培训中心学校1所;修建面积为3500平方米的娱乐体育广场,创办了农家书屋、村民幸福亭和休闲游憩区(见图7—3),丰富村民文化生活;实施人畜安全饮水工程,现全村自来水入户率70%,解决了大部分村民的饮水困难问题;在公路、小溪旁植树2500株;修建溪坝2座,2012年实施了环保"四洁"工程,完善了大寨片明渠改造1300多米,暗渠改造400多米;修建了大寨片污水处理池及一、五组分类垃圾池,马鞍村在完成上述村容整顿工作以后,村容村貌焕然一新。该村大力实施"穿衣戴帽"工程,家家硬化稻场,场边修建花坛,院边修建花栏,非楼房的外墙体一律粉刷白色,窗户上红色油漆,屋顶盖黑色泥瓦,统一达到"白墙红窗黑屋顶"标准。新铺的通村水泥路干净整洁,新建的农家书屋书香扑鼻,新刷的文明宣传墙清新亮丽,宽阔整洁的水泥路通村入户,白墙黑瓦的农家庭院错落有致。试点方案实施以来,马鞍村许多土房子变成了红砖房,凹凸不平的通村土路变成了平坦宽阔的水泥路,脏乱不堪的村子变得干净整洁,社会治安环境更加良好。

图7-3　马鞍村休闲游憩区

四　乡风更加文明

1. 社会治安有了实质性的转变。马鞍村连续十年实现无刑事案件发生、无聚众上访、无打架斗殴、无迷信活动、无火灾发生、无计划外生育等"六无"，社会治安稳定、村民安居乐业。马鞍村提倡"八要美德"、营造"五个环境"、增强"五种意识"、达到"五个要素"。提倡"八要美德"：要艰苦奋斗，建设新家；要移风易俗，树立新风；要礼貌待人，热情好客；要相信科学，不信迷信；要尊老爱幼，家庭和睦；要男女平等、计划生育；要美化环境，文明向上；要致富思源，扶贫帮困。千方百计营造"五种意识"：增强遵纪守法意识、增强安全防范意识、增强文明健康意识、增强和睦相处意识、增强弘扬传统美德意识。达到"五个要素"：无吸毒、无赌博、无邪教、无暴力、无坐牢。

2. 文化工程迈出了可喜的一步。马鞍村修建了农家图书馆、公共篮球场、村民广场等公共设施。首批"农家书屋"在河溪镇马鞍村挂牌成立，吉首市文化部门将1000多册图书、100多件音像制品、15种期刊以及书柜等物品送到了马鞍村，切实解决广大农村群众买书难、借书难、看书难的问题（见图7—4），全面提高广大农民群众的思想道德素质和科学文化素质，得到了农民群众的充分肯定和热烈欢迎。同时马鞍村购置了一批文化娱乐设备，现有音响设备一套、锣鼓一套，成立了腰鼓队、舞蹈队和"九子鞭"表演队，极大丰富了村民的文化娱乐生活。同时积极组织举行篮球赛等娱乐活动，极大地推动了农村的精神文明建设。村民积极参与文化活动，文化氛围得到加强。现在村内每个工程项目的实施情况都在村民的监督之下，村内的文化广场上每天都上演着精彩的节目。

五　管理更加民主

1. 进一步完善公众参与和民主监督机制。马鞍村加强了各项规划的协调及实施的监督检查工作，协调解决发展过程中出现的问

图7—4　马鞍村的农家书屋

题。实行重大项目和事项的公示、听证制度，进一步完善民主决策程序。推进政务村务财务公开和民主管理。马鞍村通过开展形式多样的村民代表培训，提高代表意识，发挥代表作用，保障农民依法行使民主权利。

2. 巩固了党在农村的执政基础。马鞍村十分注重加强基层组织建设，力图构建党组织领导下充满活力的村民自治体系；不断推进农村基层组织决策科学化、民主化进程，不断创新农村民主管理形式；深入开展农村普法教育，增强农民依法维护权益的能力和自觉履行义务、遵纪守法的责任感，强化社会治安综合治理，努力创造农村安定祥和、农民安居乐业的社会环境。

第四节　马鞍村试点村新农村建设取得的主要经验

一　充分注重规划的指引作用

马鞍村组织专门力量，邀请专家参与指导，在反复调研论证、广泛征求群众意见建议的基础上，编制完成了《吉首市马鞍村新农村建设实施方案》。实施方案紧扣"生产发展、生活宽裕、乡风文明、村容整洁、管理民主"的总体要求，结合马鞍村的民族传统和地域特色，既具有前瞻性，又突出指导性和操作性；既有总体目标，又有年度任务，全方位描绘了新农村建设的美好蓝图。马鞍村充分发挥规划方案的引领作用，按步骤、分阶段落实各项目标任务，确保各项工作有序推进。

二 充分发挥农民的主体作用

在新农村建设进程中，马鞍村采取群众喜闻乐见的形式宣传新农村建设的目的意义、主要内容、目标要求以及具体措施。把广大农民群众的积极性真正调动起来，引导和动员广大群众自觉地投身到新农村建设中，马鞍村在试点期间做了14项工程：（1）硬化公路近4千米；（2）修建让车道3500平方米；（3）修建寨道红石板560平方米；（4）修车路用去水泥1000吨，填土6000立方米；（5）修水沟安下水管道350米；（6）翻修科技培训学校；（7）修溪坝2座，延伸公路2千米；（8）填砂石、碎石300立方米；（9）栽大树苗1000余株；（10）建沼气池55个；（11）平整停车场1个；（12）建宣传栏3处；（13）拆迁房屋3栋6间、牛栏6个；（14）建垃圾筒135个、垃圾围2处。这些项目的完成是和全体农民的积极参与分不开的。

三 充分发挥宣传的推动作用

马鞍村通过组织召开村民大会、党员大会及村民代表会议，同时充分利用广播、宣传条幅、标语口号、宣传单等形式，广泛深入进行宣传动员，让广大村民对新农村建设的重大意义有了深刻的认识，村民的积极性空前高涨，主人翁、主体作用意识逐渐增强。同时，马鞍村积极引导农民转变生产观念、生活观念，注重提高农民的综合素质，争取多方力量，动员全体村民参与，形成齐抓共管、合力共建新农村的格局。

四 充分发挥改革的动力作用

生产发展，要走改革之路。马鞍村根据自身的实际情况，调整产业结构，选定支柱产业，大搞山地开发，实行坡改梯、水改旱，以柑橘为支柱产业，2010 年全村达到 1500 亩，产果 180 多万千克，单这一项收入，人均达 3000 元，在 2000 年的基础上增加 3 倍。马鞍山村通过改革，发生了翻天覆地的变化。

第五节 马鞍村"十二五"发展目标

马鞍村"十二五"时期经济社会发展的主要预期目标是：

1. 经济发展目标。国内生产总值年递增 13.3%，2015 年 GDP 达到 900 万元（现行价），人均 GDP 达到 10000 元（按 900 常住人口计算），产业结构有明显改变，农村工业化获得较大发展。

2. 社会进步目标。人民群众关注的就业、社保、医疗、教育、住房和收入分配等问题得到明显改善，普遍享有大致均等的发展成果和基本的公共服务。全面普及九年义务教育和高中阶段教育，适龄青年接受高等教育的机会显著增加。社会保障体系进一步健全；转移农村剩余劳动力，在原来 220 人的基础上，通过招商引资，开设劳动密集型企业，吸收劳动力 120 人。新型农村合作医疗和农村养老保险覆盖率达到 100%。

3. 可持续发展目标。加快资源节约型和环境友好型社会建设。"十二五"时期，人口自然增长率控制在 8‰以内。保持现有耕地面积，推进土地流转速度，最大化开发土地利用价值。资源综合利用水平大幅提高，农村生活能源逐步以煤、电、沼气、太阳能等清洁能源取代薪柴等低质低效能源。

第八章

河溪镇的教育、医疗与计划生育

第一节　河溪镇教育基本情况

一　河溪镇教育概况

（一）教育普及成果

河溪镇现有独立初级中学 1 所、中心完小 1 所、片完小 1 所、中心幼儿园 2 所、片幼儿园 1 所。在校中小学生共有 882 人，其中初中生 260 人、小学生 622 人、中小学在职教职工 85 人、其中专任教师 83 人。学生人数与教师人数的比值为 10∶4，说明全镇的师资力量基本满足需要。从入学率来看，近年来小学适龄儿童入学率都达到 100%，中学适龄少年入学率除个别年份外也基本达到 80% 以上。中小学的辍学率得到有效控制，近几年小学辍学率基本为零，中学辍学率较小学高，但 2011 年以来也基本控制在 5% 左右。总的来看，河溪镇的教育事业发展迅速，教育普及成果显著，基本达到了"两基"标准，2011 年荣获得吉首市委办、市政府颁发的"教育两项督导评估考核先进单位"。

（二）"科教兴镇"发展战略

河溪镇始终把优先发展教育作为区域经济发展的重中之重，强调教育工作优先研究，教育困难优先解决，教育环境优先构建。一

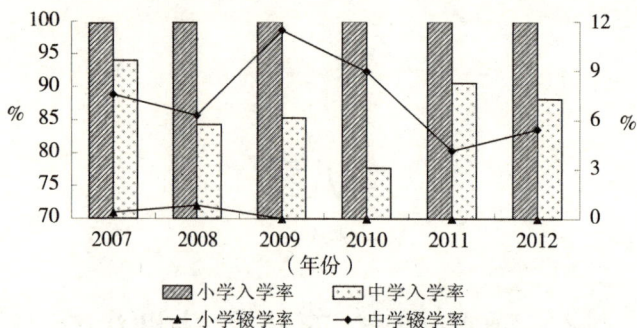

图 8—1　河溪镇中小学入学率和辍学率

是明确"科教兴镇"发展战略，将发展教育作为一项战略决策纳入政府工作议事日程。一是成立了以镇长为组长，镇文、教、卫分管领导为副组长，综治办、司法所、派出所、安检站、文化站等部门负责人为成员的河溪镇教育工作领导小组，并制定了工作实施方案；其次针对教育工作，特别是控辍保学任务，建立健全了政府教育工作制度，同时镇党委、政府把教育工作主要职责列入了"三个文明"建设目标管理，纳入镇政府挂村领导、部门、驻村干部、村主干年度目标管理责任制，并签订责任书，确保责任落实到人。二是定期召开教育工作会议，专题议教，镇党委、政府班子形成定期议教制度，召集各村（社区）三大主干、中小学校长、教师代表及相关职能部门每季度召开一次专题议教会议，开展调研活动，为教育事业发展献计献策。同时利用经济工作会、七一会、人代会等重大会议广集众议，分析教育工作现状，发现存在的问题。2012年，河溪镇共整改教育方面存在的问题 7 个，采纳各界意见建议24 条，为政府决策提供了依据。三是积极深入校园，营造尊师重教的氛围，多次对各学校进行走访慰问，帮助解决教职工在生活、工作上的实际困难，确保了教师队伍的整体稳定。

（三）中小学校办学条件不断改善

近几年，河溪镇不断加大教育的投入，全镇学校基础设施及教学硬件建设逐步完善。目前，全镇中小学占地面积共计 27699 平方米、建筑面积 12288 平方米、教学用房面积 1003.97 平方米、学生宿舍面积 1400 平方米、学生人均校舍面积 10.9 平方米。中小学各建成普通图书室 1 间，124 平方米，共藏书 28100 册，学生人均10.4 册。近几年，全镇争取资金 120 余万元，对中小学学生宿舍进行重建，建成 2 栋约 1400 平方米的高标准学生宿舍，同时配置了食堂、厕所等外部设施及双层床、储物柜、棉被等生活用品，进一步提高了学校寄宿制管理水平。此外还投入近 20 万元资金对中心小学和片小学进行改造。投资 5 万元美化了阿娜片完小、硬化了篮球场及水泥道路、新砌了花坛。投入资金 3.6 万元对中心完小操场进行改造，建成高标准跑道。投入资金 12.8 万元为小学新添了教师办公桌椅及一体印刷机等办公设施，完成了校园广播系统建立。投入资金 21 万元建成中学多媒体远程教育教室，该教室拥有30 台电脑，并建成了小学电脑教室，中小学体卫图书仪器等所有设施设备均达到州级标准。投入资金 8 万元建成了标准化学实验室和物理实验室各一间，配置实验器皿、显微镜等设备。全镇教学条件明显改善，校容校貌焕然一新，教学环境舒适，教学条件良好。

（四）控辍保学，农村义务教育普及程度不断提升。

由于经济条件、思想观念、社会环境等因素的影响，农村学生因为家境困难等原因而未按时报名入学、辍学的现象在我国农村地区普遍存在。因此，强化控辍保学意识、确保最低辍学率，是乡镇政府、学校工作的一个重点。河溪镇采取有效措施大大降低中小学的辍学率。一是采取"两线出击、双管齐下"的策略，在学区内抓"学区—学校—教师"这条主线，政府牵头外抓"政府—行政村—村干部"这条线，共同做好入学保生工作。对每一个辍学的学生确定一名驻村干部、一名教师、一名村干部负责劝学的模式，即"三盯一"战略：对因家庭困难失学的学生，千方百计为其解决入学费用；对厌学而弃学的学生，做耐心细致的思想工作，唤起其重新读书的欲望。同时，河溪镇和各村及挂村干部签署了"控辍保学"责任状，责任落实到村到人，有效控制了失学问题。二是严格落实"两免一补""计生绿卡"等各项学生救助政策，确保学生顺利入学。2012年，全镇在校小学生中享受寄宿生生活补助、民族助学金、政府助学金学生达249人，中学生中享受救助学生达234人。目前全镇"两免一补"政策深入人心，通过一系列措施的落实，河溪镇形成了上下联动的控辍保学网络，同时大大提高了学生及家长的教育意识。

（五）区域大环境及学校周边环境不断优化

河溪镇利用"五四""七一""一二·九"等节日组织学校师生开展未成年人思想道德建设教育、安全知识进学校等一系列教育活动，并利用河溪赶圩场的时间向群众宣传《教育法》《教师法》《未成年人保护法》，提高学生的学习意识及学生家长的重教意识。同时，镇司法所长到学校任法制副校长，宣传法律法规知识，对学生开展法制教育和"禁毒教育活动进校园"活动及"大手牵小手"的法制宣传活动，大大提高了学生及家长的法律意识。河溪镇积极开展环境整治行动，在镇区成立由基干民兵组成的联防队，确保校园治安稳定。河溪镇组织开展净化校园周边行动，积极整治学校周边环境，联合工商、文化等部门开展对校园周边网吧及游戏厅等娱乐场所的清查行动，对无证经营、离学校过近的娱乐场所坚决予以取缔。同时，镇综治办及文化广播站出台了《娱乐场所管理办法》，做到校园200米内无网吧、电游，为师生创造一个宽松、舒适的工作、学习和生活环境。此外，河溪镇积极开展"安全生产进校园"行动。每年年初，镇安监站都要与各村及中小学签订"安全生产责任状""食品卫生安全责任状"，明确学生在校内、校外的安全责任。同时，河溪镇不断加大中小学生安全生产宣传力度，镇安监站不定期深入学校为学生上交通安全、食品安全等课程，印发图文并茂的宣传册，大大提高了学生的安全意识。针对学生上学、放学自主乘车的现状，河溪镇安监站在严厉打击"三无"营运车辆的同时，与客运车辆业主签订安全生产责任书，明确规定有学生乘车时必须安排售票人员进行看护，确保学生的安全出行。

图 8—2　河溪镇校园法制宣传活动

图 8—3　河溪镇预防青少年违法犯罪安全教育活动

（六）成教培训，农村居民科技文化素质不断提高

河溪镇成立了新型农民培训工作领导小组、农村党员干部远教领导小组等机构，每年按 3 万元工作经费纳入政府财政预算，确保了成教工作顺利开展。其具体措施：一是以农业技术培训为基础，提高农民整体科技水平，镇农校结合本地支柱产业，采取长短班相结合的形式，积极开展各类农业技术培训。同时，河溪镇对镇域内农业产业进行科学规划，引导农民发展农业产业，先后组建了椪柑、网箱养鱼、大棚蔬菜等农业产业基地，在提高村级农业经济总量的同时，增加农民收入。2012 年，镇农校共开办短期培训班 12

图8—4　河溪镇小学生安全事故应急演练

期，培训学员1070人次，开办长期培训班4期，培训学员218人次，涌现出了州、市、镇科技示范户35户，科技联系户84户，大大提高了农民的科技意识。二是以劳务输出为目的，抓好就业技术培训。针对外出务工就业难的问题，镇农校与镇劳动保障站联合，邀请技工、专家、教师驻点授课，开设了计算机基础、电焊、土木工程基础等课程，对将要外出的学员进行热门技术培训，同时，与市内劳务输出相关部门及技术学校联系，让成绩优异的学员进行深造，让全镇外出务工人员都能够掌握一技之长。2012年，河溪镇共举办外出人员务工培训4期，参训人员73人次，外出务工就业率达97%以上。

（七）河溪镇教育工作存在的问题及建议

存在的问题：一是教育经费不足。全镇经济欠发达，镇、村财力薄弱，而在实施"两基"和巩固提高的过程中，全镇学校改造和内部设施配置需要大量的经费投入，而目前的经费投入远远满足不了教育事业发展的需要。二是全镇重新调整了学校布局，先后撤销了马鞍、张排、持久、新建、楠木等10个村的村小，仅保留阿娜片完小及中心完小两所小学。在集中办学以后，学生集中到2所学校上课，存在教学配套设施跟不上等问题。

建议：河溪镇需加大对全镇教育经费及内部教学配套设施的投

图 8—5　河溪镇农民技术培训授课

入，营造良好的教学环境氛围；进一步提高教育教学质量，加强对教中小学的教育行政管理；建立教师上岗激励机制，不断提升教学水平。

二　河溪中学

河溪中学位于吉首市河溪镇花果山，该校成立于 1985 年，是一所全日制普通中学。学校现有 6 个班级、在校学生 262 人、学校现占地面积共 13986 平方米、学生宿舍占地面积 4457 平方米，学生平均住宿面积 17 平方米。学校在职教师共 29 人，拥有中、高级职称的教师 2 人。

近三年学校加大对教育教学投入力度，总计投入 11 万元用于教师培训、教学奖励和办公经费开支等。学校教学设施基本完善，教育教学设备基本齐全，设有图书室、物理实验室、生化实验室、电脑教室等，各教室均配备多媒体设备，图书共 28100 套。

河溪中学自 2007 年以来，除个别年份外，学校适龄学生入学率基本达到 85％以上，辍学率近两年有较大幅度下降，如表 8—1 所示。自学校办学以来，为高一级学校培养了大批合格人才。在学校现有基础上，学校将在未来三年中从学校管理、师资队伍、德育工作、教学工作、教育科研、校本课程、学校文化、办学规模及办学条件等九个方面，提出具体的实施方案，通过三年的努力与实

图8—6 河溪中学操场和教学楼

践，学校的管理制度更加完善，教育科研更加深入，学校文化不断发展，师资水平不断提高，教育教学质量和毕业生的综合素质不断提高。

表8—1　　　　　河溪中学教育普及成果统计　　　　　单位:%，人

年份	入学人数	入学率	辍学人数	辍学率	升学人数	升学率
2007—2008	141	94	11	7.52	88	74
2008—2009	161	84.3	25	6.27	91	61
2009—2010	128	85.3	45	11.45	80	63.5
2010—2011	87	77.7	33	8.94	65	60.2
2011—2012	107	90.6	13	4.15	84	74.4
2012—2013	90	88.2	16	5.44	69	68

三　河溪小学

河溪小学坐落在吉首市南大门，峒河与沱江两河交汇之处，常吉高速公路、G319国道穿镇而过，距吉首城区仅有19千米，交通方便。河溪小学创建于1932年，现为寄宿制中心小学。2012年该校通过了合格学校建设验收。

目前，学校占地面积 14547 平方米，学生人均占地面积 23.43 平方米。总校舍建筑面积 7691 平方米，体育活动场地 1500 平方米，建有 150 米的环形跑道，共有功能教室 15 个。学校现有两个教学点（中心完小、婀娜片小）。中心完小教学班 12 个，婀娜片小有教学班 6 个。在校学生数共有 622 人，学校现有教职员工 54 人，其中专任教师 54 人。近几年，在各级领导关心和重视下，学校积极改善学校教学条件，目前配备了标准的运动场、篮球场。新建了学生电脑室、教师备课室、多媒体等功能室等，各项教育教学设备基本配备齐全。

在深化教育改革、全面推进新课改的进程中，学校坚持全面贯彻教育方针，致力于培养四有人才；坚持面向全体学生，大面积提高教学质量，因材施教，促进学生终身发展；坚持巩固普九成果，全力控制学生辍学现象；坚持"创特色、争一流、建名校、育真才"的发展思路，注重提高办学效益。学校坚持"为学生一生的幸福奠基"的办学理念，确立了"让学校成为教师专业发展、学生健康成长的乐园"的办学目标。不断加强教师队伍建设，以教师为本，树立"师以校名，校以师名"的教师管理理念；以学生为本，关注学生发展，形成了"一切为了学生，为了一切学生，为了学生的一切"的学生观。

近三年来，学校取得了一系列可喜的成绩，多次受到上级表彰。学校适龄儿童入学率达 100%，辍学率为零。

第二节　河溪镇医疗卫生和社会保障基本情况

一　公共卫生情况

河溪镇成立了公共卫生工作领导小组，由镇长担任组长，分管领导担任副组长，成员由卫生院院长、派出所所长、学校校长、文体广播站站长等组成，落实了专门办公室和专门负责人员。2012年，河溪镇与全镇 11 个行政村（社区）签订了"公共卫生工作目标责任书"，每个村（社区）都配有 1 名公共卫生联络员，协助和配合责任医生做好公共卫生工作。全镇积极开展新型农村合作医疗、镇村环境卫生建设、农民健康体检、卫生防疫等工作，取得了一定成效，具体情况如下：

（一）健全完善了镇、村二级农村公共卫生服务网络

河溪镇进一步完善硬件设施建设，在卫生院成立了公共卫生服务办公室，配有电脑、打印机、传真机、电话等现代化办公设施，基本上实行了电脑办公。2012 年全镇就手足口病防治、乙脑和甲型 H1N1 流感防治，组织村医生学习培训，利用墟场对农民群众进行健康教育宣传。各行政村设置健康宣传栏，张贴健康教育资料和画片，配备健康教育宣传员（由公共卫生联络员兼任），2012 年，河溪镇分发健康宣传资料 7000 多份。河溪镇积极对乡村医生进行管理，充分发挥凝聚作用，对于乡村医生在工作乃至生活上的困难，积极给予帮助，对其管理尽量做到人性化和行政管理相结合。对各村卫生室进行任务考核，对传染病免疫规划工作、健康教育、妇幼卫生工作、医疗废物处理等进行督导检查。

（二）农村公共卫生服务工作

河溪镇改进了农村基本医疗服务，确保服务质量到位。加强各项医疗保障措施，各村通过培训、继续教育等方式提高责任医生的业务能力，为农民提供便捷、连续、有效的基本医疗服务，做到小病不出村镇、大病及时救治。河溪镇高度重视农村新型合作医疗工作，利用宣传专栏，每月公布参加合作医疗费用补偿信息，实现阳光操作，让广大参加合作医疗的农民及时了解全镇补偿情况。2012 年全镇农村合作医疗费用共补偿 5127 人次，补偿金额达 174120 元。河溪镇对全镇卫生环境进行了整治，在全镇原有 40 处垃圾池的基础上新增垃圾池 20 处，河溪社区新增垃圾桶 50 个，并投入 8 万元对垃圾集中处理场的道路进行维修。

（三）儿童计划免疫工作

2012 年河溪镇开展了"免疫规划专项行动""乙脑疫苗查漏补

种工作""乙肝疫苗直漏补种""季节性流感疫苗接种""甲型
H1N1 流感疫苗接种"等工作。2012 年全镇儿童接种数量和接种率
较上年有较大的提高，全镇共出生儿童 129 例，接种乙肝疫苗 129
人份（乙肝疫苗首针及时接种率达 100%，三针全程合格接种率达
100%）、卡介苗 129 人份，接种率达 100%；脊髓灰质炎糖丸 129
人份，接种率达 100%；百白破 129 人份，接种率达 100%；建卡
建证率及卡证符合率达 95% 以上。

（四）传染病防治管理、疫情报告

2012 年，河溪镇针对水痘、流腮、手足口病、甲型 H1N1
流感、肺结核等传染病防治工作，先后制定了相应的预案，并
按预案的要求，积极与相关部门密切配合，认真组织实施防控
工作，利用各种方式散发宣传单 3000 份，实行定期对卫生院
医生传染病报告情况进行检查，不定期地对医疗机构进行检
查。各村卫生站实行传染病月报制度，定期编发《疫情报告检
查通报》，传染病报告实行"网络直报"，各种传染病管理资料
齐全。卫生院严格按照预检分诊和发热门诊、腹泻门诊处理的
管理规章制度执行，全镇对传染病进行主动搜索，上报监督管
理，由于河溪镇采取了较强的传染病管理措施，河溪镇疫情报
告率大大提高，2012 年河溪镇共检查出传染病 7 例，比去年同
期下降 4 例。

（五）对存在的主要问题的建议

1. 进一步加强对村卫生室的管理，改善村卫生室的办公条件。

2. 加强对私人医院、门诊部、个体诊所等公共卫生工作的监
督指导，使其按规定完成法定的公共卫生职责。

3. 加强儿童免疫预防接种的宣传工作，加大对边远行政村的医疗
支持和补助，提高儿童免疫预防接种率，加强妇幼保健工作建设。

4. 加强对食品、公共场所、饮用水等的卫生监督指导，定期
进行监督检查。

二 河溪镇卫生院

（一）河溪镇卫生院简介

河溪镇卫生院为全镇及周边居民提供以预防、医疗、保健、康复、健康教育和计划生育技术服务指导等为主要内容的卫生服务。

2005年，河溪镇卫生院共投资110万元（其中湖南省财政厅投资45万元）对河溪镇卫生院进行迁建，建筑面积为1200平方米，开放病床23张。2006年1月新院投入使用后，当年实现年收入79万元，日平均门诊人次40人，日平均住院人次7人。

该院目前现有医务人员27人，其中主治医师1人、执业医师6人、执业助理医师2人。其中，大专以上文化程度24人，中专文化3人。卫生院拥有500mAX光机及B超检验设备、心电图、手术器械及心电监护仪、血凝仪等基本的现代医疗设备。

图8—7 河溪镇卫生院

（二）存在的问题及建议

存在的问题：由于河溪镇卫生院是新迁建卫生院，目前处于起步阶段，面临压力很大：（1）资金压力大，筹集资金困难，目前负债达70万元；（2）院容院貌较差，目前卫生院尚有约800平方米的面积亟待绿化；（3）业务技术水平亟待提高，卫生院虽与万溶江卫生院实行联营，但由于多年分散经营，医技人员业务水平较落后，业务水平亟待进一步提高。（4）医疗设备落后，跟不上发展的需要，影响业务的开展，卫生院虽然采取各种方式筹集资金购置医疗设备，但仍然跟不上发展的需要，目前仍有医疗设备急需添置。

建议：各级政府及相关部门仍需加大对该卫生院的支持和投入，提高硬件设备水平，提高乡镇医疗卫生人员的工资待遇，改善群众就医环境；卫生院要大力加强技术培训，积极引进高层次人才和专业技术人员，提高自身医疗技术水平；要不断改善服务，增强医护人员为民服务的意识，加强队伍建设和管理，努力改善医院形象。

第三节　人口和计划生育工作

一　河溪镇人口和计划生育基本情况

河溪镇近几年人口变动情况如图8—8所示，2012年河溪镇年末户籍总人口12620人，其中男性6424人，占50.9%，女性6196人，占49.1%，基本保持平衡；农业人口11700人，占92.7%，非农业人口920人，占7.3%；其中汉族4064人，占32.2%，少数民族8556人，占67.8%；人口出生率9.5‰，较上一年度有所降低，人口死亡率4.5‰，基本保持稳定，人口自然增长率5‰，较上一年度有所下降。

二　河溪镇计划生育基本情况

2010年全镇已婚育龄妇女2502人，符合计划生育率

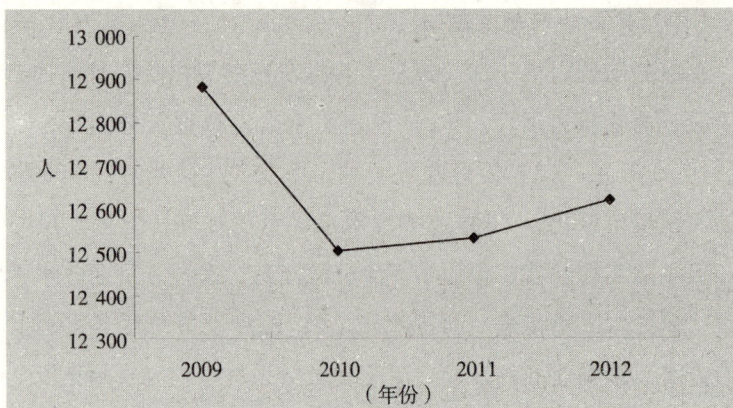

图 8—8 2009—2012 年年末河溪镇户籍人口变动情况

91.12%，避孕节育措施落实率达到 96%，全镇 2010 年度完成手术 110 例，结扎 62 例，补救 48 例，上环 21 例，已完成全年手术任务。2010 年度应征收社会抚养费人数 19 人，已征人数 17 人，征收面 89.4%；应征金额 226893.4 元，已征金额 143000 元，征收到位率 63.02%。独生子女父母奖励金，按时按标准发放，兑现率 100%。

2011 年全镇已婚育妇女 2528 人，全年出生人口 131 人，符合政策生育率 93.2%，避孕节育措施落实率 97.27%，及时率 92.57%。2011 年度完成手术 111 例，其中上环 19 例，女扎 57 例，补救 35 例。征收社会抚养费 20 余万元。河溪镇对农村计划生育奖励扶助进行申报，年审达 100%。独生子女父母奖励金，按时按标准发放，兑现率 100%。

2012 年全镇已婚育妇女 2608 人，全年出生人口 176 人，符合政策生育率 93.2%，避孕节育措施落实率 97.3%，及时率 92.6%。全镇 2012 年度完成手术 89 例，其中上环 20 例，女扎 39 例（两女结扎户 5 人），补救 30 例。征收社会抚养费 20 余万元。对农村计划生育奖励扶助进行申报，年审达 100%。独生子女父母奖励金，按时按标准发放，兑现率 100%。

三　河溪镇计划生育主要工作任务

1. 河溪镇的计生工作领导小组，实行目标考核，建立各级计划生育目标，逐级签订"综合目标管理责任书""流动人口管理责任书""计划生育部门责任制"，做到层层分解、责任到人、目标明确。建立各级管理考核机制，实行计生工作考核制，通过考核促进目标任务的落实。

2. 每月定期召开计生例会，通过例会汇报工作，总结交流工作经验，查找存在的问题，结合形势发展和工作现状，明确措施和工作方向。

3. 加强计划生育宣传工作、搞好服务。组织学习相关法律法规。计生工作小组发放各类资料 8500 余份、标语 125 余条、简报 12 期，投入宣传经费近 3 万元，通过宣传，群众知晓率达 95% 以上。计生工作小组通过调查摸底；校对审核；查漏补缺等完善计划生育网络建设，建立健全各类账、表、卡、册。

4. 在开展各项计生工作过程中，坚持以人为本，文明执法，理性执法，按程序办事；设立"阳光计生、文明执法"的便民维权公示栏；及时上缴社会抚养费，做到专款专用。

5. 坚持以长效避孕措施为主的技术服务政策，稳定专业技术队伍，严格施术规程，指导育龄群众的知情选择，保证手术落实率、及时率。

6. 针对各村（社区）的实际情况研究召开村民大会（或村民代表大会），修改和完善计划生育村民自治章程，制定村规民约，与已婚育龄群众签订自治协议。

7. 计生部门队伍建设。计生工作小组建立并完善内部学习、工作、出勤等制度，加强培训和学习，不断提高计生人员的工作能力和服务水平。

8. 及时兑现计生奖励政策。独生子女父母奖励金，按时按标准发放，兑现率 100%；计划生育家庭奖严格标准、全面兑现；计划生育生殖保健、实施手术实行免费服务。

四　存在的问题

1. 社会抚养费征收难，计生质量指标呈下滑趋势。

2. 流动人口数量大、办证少，很难掌握育龄妇女流动的真实情况，给计生工作管理带来较大困难。

3. 组织已婚育龄妇女查环、查病、查孕难。

4. 推行落实长效避孕、节育措施（上环、结扎）难。

5. 计生工作人员工作压力大，激励机制还不够，既影响队伍的稳定，又难以提高计划生育的工作水平。

第九章

河溪镇政府机构改革与五个文明建设

河溪镇结合资源优势和现实情况，深入贯彻"工业富镇、产业富民、科技强镇、教育兴镇"的发展思路，谋发展、破难题、增福祉、重民生、促和谐，发展环境和民生环境不断改善，社会经济发展水平逐步提高，不断实现着河溪人民的中国梦。

第一节 政府机构改革与民主管理推进

一 乡镇改革机构设置和编制配备

（一）河溪镇的机构设置

河溪镇除镇卫生院、中小学外，现设置 15 个事业单位，具体为：安监站、综治办、经管站、工业办、林业站、文体站、广播站、农技站、司法所、国土所、畜牧站、财政所、规划建设站、劳动保障站和计生服务站。其中林业站、国土所、财政所、规划建设站、计生服务站以市管为主，均为全额拨款事业机构。

（二）河溪镇的编制配备

河溪镇镇政府机关核定行政编制 15 名、机关工勤编制 1 名、事业编制 19 名。领导职数 8 名：镇党委设委员 5 名，其中，党委书记 1 名、副书记 1 名（镇长兼）、人大主席 1 名。政府设镇长 1

名（任党委副书记）、副镇长 2 名。镇纪委书记 1 名、镇武装部部长 1 名。人大副主席 1 名。农业技术推广服务站核定全额事业编制 8 名，在编 7 名；水利服务站核定全额事业编制 2 名；社会事务服务站核定全额事业编制 2 名；计划生育服务站核定全额事业编制 3 名；文化广播电视体育服务站核定全额事业编制 1 名；安全生产服务站核定全额事业编制 2 名。

（三）河溪镇的机构调整

河溪镇依据上级部门的政策和规定，对河溪镇各办的职能、职责和人力进行了统一整合，由原来的五个办公室调整为四个办公室。对过去各站、办加挂的名目繁多的牌子等情况进行了统一的处理，进一步规范各站、办。除党政机构进行调整，河溪镇事业站所也在规定的限额内进行了重新设置，各站所进行精简和整合，乡镇站（所）由原来的 7 个精简为 6 个，整合了站所的相关职能，使得站（所）沟通效率提高，事务执行力度加强。

表 9—1　　2011 年前后河溪镇乡镇机构改革调整情况表　　单位：人

	2011 年以前	2011 年	调整后说明
党政机构办公室	7	4	党政综合办公室、经济发展办公室、社会事务办公室、社会治安综合治理办公室
乡镇事业编制	16	19	原有事业编制 18 个，在编人员 16 个。在此次的机构改革中，精减了 1 个编制，并将计划生育服务站的职能、编制都下放到政府，现河溪镇共有事业编制 20 个，在编人员 19 人
乡镇事业站所	7	6	农业技术推广服务站、水利服务站、社会事务服务站、计划生育服务站、文体广播电视服务站、安全生产服务站

（四）河溪镇派驻乡镇机构的设置

法院和公安、司法、工商、税务、国土等职能部门均在河溪镇设有派出机构，如司法所、国土所、财政所，基本是一乡镇一站（所）的区域从紧设置，人事任免等重要事项需按有关规定征得河溪镇党委同意。

二 河溪镇机构改革工作亮点

（一）实施一岗多责，实现人尽其事

为了实现人尽其事、岗尽其责，提高工作人员的素质和工作能力，河溪镇各站所、办公室负责人在重点从事一两项专门工作的同时兼任其他工作。

（二）整合相关职能

在农业税费制度改革中，涉农补贴是农民关心的大事，涉农补贴资金数量大、项目多，河溪镇基本采用涉农直接补贴"一卡通"的办法，将补贴资金存入农民的个人账户，由乡镇财政所会同信用社通过卡或存折直接发放给农民，避免了漏补、错补、迟补等现象，农民反映效果比较好。

（三）综合设置乡镇事业单位

乡镇机构改革是以理顺乡镇事业单位管理体制、综合设置乡镇事业单位、精简事业单位人员编制为主要内容的改革，其中综合设置乡镇事业单位，对乡镇事业单位机构进行重组与整合，这既有利于理顺乡镇事业单位的组织结构，使行政资源得到最大化应用，又对缩减事业单位的编制有一定的促进作用，职能和机构的整合，必然使事业单位工作内容和工作岗位发生变化，特别是对于乡镇派驻事业机构按大区域而不是按行政区域进行设置，使得乡镇机构的人员编制在一定程度上实现了瘦身。

河溪镇结合改革过程中的实践和经验，有针对性地提出有利于新农村建设的"五中心"：

1. 整合农业服务各项职能，设立农业综合服务中心，负责农技、农机、林业、水利、畜牧、水产等大农业范畴的各类服务工作。

2. 丰富农民文化生活，建立农业文化产业服务中心，负责文化体育、广播电视服务和地方文艺的开发和保护等工作。

3. 加大农村基础设施建设和维护的力度，设置农村建设开发服务中心，负责为农村建设开发提供各类服务。

4. 贯彻国策，提高人口素质，设立计划生育服务中心，负责承担计划生育技术性服务工作。

5. 提高民生质量，设立安全生产综合治理服务中心，负责地质灾害安全，非煤矿山、食品、特种行业生产安全，道路交通、水运安全，社会治安、消防安全，用电、水源、农资安全。中心学校和中学抓好校园内的食品、校舍及治安安全。

（四）工作人员实名登记

河溪镇在机构改革中，推行编制实名制管理制度，所有的编制人员按站所进行实名制登记，并明确乡镇岗位工作的职责内容和岗位绩效考评标准，保证河溪镇党政机构和事业站所的定岗定员工作的顺利执行。

（五）妥善安置超编人员

河溪镇积极落实清理非在编人员，原有非在编人员 7 个，均为临时工，河溪镇党委、政府多措并举顺利完成清退工作。政府积极为超编人员分流创造条件，多方筹措资金，对与机关事业单位完全脱钩的分流人员给予一定的补偿，其补偿标准由试点县市区按有关政策要求进行；分流人员自谋职业的，纳入再就业的范围，统筹安排。

三　河溪镇机构改革的三点建议

1. 改革要注意方式。要注重时效，不能单纯就"精简"论"精简"，要充分考虑机构改革在促进社会经济发展中的作用。充分调动地方各级政府在机构改革中的积极性和创造性，总结改革经验教训，并适时适度地积极推广。坚持因地制宜的原则，不搞硬性指标，由各地按照当地社会经济发展的客观要求，确定机构设置、人员配备、领导职数和管理体制，实实在在搞改革，不做文字和数字游戏。

2. 改革要注重"配套"。乡镇机构改革是一项系统工程，需要各项政策、措施予以配套，重点是与财政体制改革、人事制度改革、教育制度改革、社会保障体制、机构编制管理体制等方面相互配套、相互协调。

3. 改革要重在监管。组织、人事、编制、财政、监察、银行等部门要紧密配合，严把人员进出程序；建立机构编制管理督察制度，各级编制部门进行经常性的自查和互查，形成联动机制，强化机构编制的日常监管。

第二节　民主管理推进

社会主义新农村建设的目标：生产发展、生活宽裕、乡风文明、村容整洁、管理民主。构建和谐社会，实现城乡融合，不仅要在农村的经济、文化、环境、民生上下功夫，而且也要积极推进农村基层民主政治建设。河溪镇通过多种方式提高民主管理的水平，推进民主管理工作，推动各项工作的有序开展。

一　加强组织领导，建立健全规章制度，实现乡规民守

河溪镇出台了《河溪镇机关干部联村联户及夜访农户制度》、《农村工作指导员制度》，在民主组织管理的实践中，河溪镇开展"三个一"活动，即"学一技、联一户、解一难"活动，"三个一"活动以镇党委书记为组长，成立"三个一"活动领导小组，组员都是政治素质好、工作责任心强的干部。河溪镇根据实际情况制定了《河溪镇"学一技、联一户、解一难"活动实施方案》、

《河溪镇开展"学一技、联一户、解一难"活动三年计划》、《河溪镇 2012 年落实"三个一"活动工作计划》等文件，明确各支部的工作职责和工作重点，强调工作纪律，同时也为今后的工作指明方向。在贯彻执行方面，河溪镇根据领导干部分工建立党政领导联系点制度，明确各党政领导挂钩联系点，并强调各挂点领导要下到挂钩联系点指导工作。通过这一活动河溪镇建立起了党委全面负责、主要领导亲自过问、分管领导具体负责，一级抓一级、层层抓落实的组织领导体系，督促领导干部学习技能、深入群众、了解群众、帮助群众、服务群众。

表 9—2   2012 年度河溪镇"三个一"技能培训计划安排

培训时间	培训内容	培训地点	培训人员
2—3 月	电脑、电器维修	镇农业技术学校	200 人
4—5 月	叉尾鮰养殖技术	库区养殖示范基地	300 人
5—6 月	椪柑品改低改技术	马鞍村椪柑精品示范基地	400 人
7—8 月	家禽养殖及病疫防治	镇农业技术学校	200 人
8 月	红提培管技术	张排红提示范基地	300 人
1—12 月	汽车驾驶维修	吉首	100 人
1—12 月	家政服务知识培训	吉首	300 人
10—12 月	苗木花卉培训	镇农业技术学校	200 人

河溪镇自上而下建立健全规章制度，靠制度、靠规范，管事、管人，实现政府工作的透明化，形成政府勤政廉政的效果，既提高了政府工作效能、效率，也使民主决策、民主管理和民主监督有理可循，落到实处，切实实现乡规民信、乡规民守。河溪镇政府的规章制度分为四大类，分别是党风廉政建设类、效能建设类、基层组织建设类和日常工作管理类。

表 9—3　　　　　　　2012 年河溪镇政府规章制度汇编

制度类别	序号	制度标题	制度类别	序号	制度标题
党风廉政建设类	1	反腐倡廉防范体系工作任务分解	效能建设类	9	河溪镇首问责任制度
	2	党风廉政建设责任制		10	服务承诺制
	3	廉政建设制度		11	河溪镇五条禁令
	4	领导干部廉政谈话制度		12	机关工作人员"八不准"
	5	财务管理制度		13	政务公开制度
	6	内部审计实施细则		14	河溪镇机关干部联村联户及夜访农户制度
	7	河溪镇行政村主要领导事业单位负责人任期（离任）责任审计实施办法		15	农村工作指导员制度
				16	行政效能责任追究实施办法
	8	建设工程项目监督管理暂行规定（试行）		17	相关制度执行情况实行督查的有关规定
基层组织建设类	18	工作例会制度	日常工作管理类	39	机关会议制度
	19	信访工作制度		40	机关上下班工作制度
	20	案件检查工作制度		41	值班制度
	21	廉政勤政制度		42	门卫值班制度
	22	学习调研制度		43	机关汽车司机、车辆管理制度
	23	重大事项专题报告制度		44	来客接待制度
	24	重大问题集体研究决定制度		45	机关请销假制度
	25	资产使用管理和运行维护责任制度		46	学习制度
	26	定期报告工作制度			
	27	村纪检委员工作职责		47	请示汇报制度

续表

制度 类别	序号	制度标题	制度 类别	序号	制度标题
基层组织建设类	28	村（社区）党支部纪检委员管理制度	日常工作管理类	47	请示汇报制度
	29	村纪检委员工作纪律			
	30	纪检工作文明接访制度			
	31	纪检工作保密制度			
	32	河溪镇村务公开实施工作方案			
	33	村委会工作制度			
	34	村民会议和村民代表会议制度			
	35	村民代表议事规则			
	36	民主监督制度			
	37	村委会自治章程			
	38	民主生活会制度			

二　提高工作透明度，实施村务公开，实现乡情民知

提高政府工作的透明度，一方面，需要建立完善的规章制度，让党员群众把握工作在正常情况下的可预见性；另一方面，通过村、政务公开，了解工作在各个关键阶段和节点的详细情况，从而享有充分的知情权和监督权，实现乡情民知。

河溪镇以《中华人民共和国村民委员会组织法》《湖南省村务公开条例》为依据，按照"规范、创新、提高、落实"的基本工作思路，进一步健全和完善各项村务公开制度，认真在全镇范围内全面开展村务工作，加强农村基层民主建设，保障村民对村务的民主决策、民主管理、民主监督，有力推进村民自治，促进河溪镇农村经济协调发展和社会稳定。

（一）切实加强对村务公开工作的领导

河溪镇将村务公开工作提上党委、政府的重要议事日程，成立了"河溪镇村务公开工作领导小组"，负责指导、监督村务公开的各项工作，由分管民政的领导任组长，成员由民政办、经管站、司法所、农业综合服务站等部门的领导组成。领导小组下设办公室，办公室主任由民主助理员担任；下属村委会也相应成立了村务公开领导小组，为村务公开工作的开展提供组织保证。

（二）建立健全村务公开的各项规章制度

河溪镇结合各村委会的实际，指导村委会及时制定《村委会工作制度》《村民会议和村民代表会议制度》《村民代表议事规则》《民主监督制度》《村委会自治章程》等各项规章制度，形成"决策系统—执行系统—监督系统"的高效合理的运作体系；经常督促检查落实情况，使各项规章制度不流于形式，确保各项规章制度落到实处。

（三）制定村务公开工作实施方案

河溪镇通过实地调查研究，制定了切实可行的《河溪镇村务公开实施工作方案》，明确了村务公开的主要内容、公开形式、公开时间等，使村务公开工作的各项规章制度得到很好的贯彻落实，确保村务公开工作依法依章进行。设立固定村务公开栏，一般的村务公开事项按季公开，重大事项随时公开，集体财务往来较多的财务收支每月公布一次，包括村财务账目、工程投标和各项集资款的使用及结果，救灾救济款的发放，化肥、农药及各种物资指标的分配，招工、招干生育等指标的分配，住宅基地的审批，村干部的工资、奖金标准、误工补贴等都要听取村民代表的意见，并在村务公开栏公布，接受群众监督。

（四）提高村务工作透明度，不断提高村民参与意识、管理意识和监督意识

村务公开是调动村民参与村级管理积极性的有效措施，是实现村民自我管理、自我教育、自我服务的有效途径。政务公开做到统

一公开时间、固定公开地点、突出公开热点、规范公开程序，同时还根据村民的意见、建议，紧紧抓住群众普遍关心、涉及群众切身利益的重点、热点、难点，及时调整公开内容，规定公开时间，规范和完善程序，健全配套制度，使村务公开民主管理逐步走上规范化、科学化的轨道。

（五）加强对村干部和村委会财务人员的培训，提高村务公开的水平

为了提高村委会成员的整体素质，河溪镇举办村"两委"干部培训班，学习《中国共产党基层组织工作条例》《中华人民共和国村民委员会组织法》和《湖南省村务公开条例》等内容，使他们对农村基层干部工作方法及职责有了更深的理解。培训采取领导授课、座谈讨论、互相交流、面对面谈心等形式，从而解决了"两委"班子的突出问题，使村"两委"干部摆正了位置，端正了态度，增强了大局意识、服务意识，坚定了为民办实事的决心，消除了误解、增进了团结，牢固树立了团结是进步发展的前提思想。乡镇干部通过外出参观学习，改变了观念，解放了思想，理清了经济发展思路，认识到村务公开的重要性和必要性，为各村经济发展奠定了基础。

三　严格组织纪律，规范选举程序，实现乡官民选

乡镇选举是我国农村基层民主的重要制度内容之一，既包括选民直接选举乡镇人大代表，也包括乡镇人大代表选举乡镇人民代表大会负责人和乡镇人民政府领导人。

河溪镇依据《中国共产党基层组织选举工作条例》《中华人民共和国选举法》《中华人民共和国村民委员组织法》《中华人民共和国城市居民委员会组织法》《湖南省村民委员会选举办法》等法律法规的要求，严格组织纪律，规范选举程序，实现乡官民选，选出党员和群众认可和拥立的领导，改善干群关系，让选出的领导成为群众和党员的代言人，能为群众说话、能为群众干事、能为群

谋利益。

四　树立优秀典型，帮扶后进典型，实现经验共享

马鞍村是河溪镇的省级民主法治示范村，近年来，马鞍村结合本村实际，从增强村民民主法治观念入手，通过抓好农村普法、村民自治、农村稳定等方面的工作，使村民的法治观念、民主意识进一步提高，全村已基本形成了遵纪守法、自觉维护安定团结的良好氛围。

马鞍村设立以村支书为组长，村主任为副组长，各村民小组长及村民代表为成员的民主法治示范村创建领导小组；制订"民主法治示范村"创建活动方案，明确工作职责和目标任务，实行支部带头抓落实，村支两委干部齐抓共管的争创格局；建立健全各项规章制度，包括人民调解委员会制度、财务管理制度、村务公开制度、村民自治章程等10余项规章制度，健全了各种工作簿册。

马鞍村广泛深入开展法制宣传教育，做到依法治村，提高村民和村干部的民主意识和法治观念，坚持依法办事。在处理婚姻纠纷、家庭纠纷、计划生育、土地承包等问题时，组织村民学习相关的法律法规，完全依据相关的法律法规办理，既解决了问题，又减少了干群之间的矛盾；马鞍村通过丰富多彩的法制宣传活动营造浓厚的法制宣传氛围，利用综治宣传月、禁毒宣传日、"五五"普法等活动时机，对《环境保护法》《国土法》《禁毒法》等法律法规知识进行宣传，并在村务公开栏处开办法制宣传栏，每半月更新一次学习内容。

马鞍村的民主管理坚持走规范化道路，提高村务公开的透明度。通过召开村民大会，投票选举成立了村务公开领导小组、村民理财小组和村务监督小组、党员议事会和村民议事会，让村民多渠道、多层面参与村务管理；马鞍村在村内人流量最多的休闲广场处修建村务公开墙，并分别设立了政务、财务、事务和其他

事项等六个专栏，涵盖村民关心的所有内容，其中群众关心的热点、难点问题成为公开的重点。马鞍村规范公开内容，结合本村实际，做到有侧重、有特点，特别是对于社会主义新农村建设中的基础设施建设项目，村、支两委及时将工程招标、预算、结算等内容公开，接受群众监督。村务公开的重点是财务，村、支两委坚持"村账镇管、两级审核"的要求，将村里各项财务收支工作交由镇经管站代管，改善了村里财务管理，融洽了干群关系。村民通过理财小组了解和审核财务的合理性和规范性，理财小组每月定期召开理财会议，审核所有收支票据，凡涉及计生、征地、救灾救济等重大事项，都以公示、通告、通知等方式及时公开，方便村民了解监督。

河溪镇在民主管理的过程中不断总结先进村的经验，同时也分析后进村的教训。河溪镇对"难点村"进行自查，了解"难点村"的主要问题和发展困境，借鉴别村经验，结合该村的村情有针对性地提出措施。河溪镇制定了《河溪镇村务公开和民主管理"难点村"治理工作实施方案》，明确治理的目标任务、工作原则、工作方法和实施步骤，镇政府每季度召开一次专题会，实时了解相关情况，成立以镇挂点干部为组长，村支书为副组长，村两委班子成员为组员的治理工作领导小组，采用难点问题包干责任制，将问题落实到人，责任落实到位。通过多种方式加强"难点村"的班子建设，切实落实"选举权""知情权""参与权""决策权""监督权"的五落实。推进党务、政务、村务的"三项公开"；完善并制定村民自治章程、村规民约、民主议事制度和村民代表会议制度；聘请8名公开监督员监督各项事务的落实情况；推行群众说事、分类理事、民主议事、集中办事、定期评事的"五事工作法"，解决农村税费改革后出现的公益事业事难议、议难决、决难行的"三难"问题，实现"为民做主"到"由民做主"的转变，国家的各项惠农政策得到了很好的落实。

通过有针对性的治理，"难点村"的村民观念有了很大变化，真正了解了民主法治的益处，村民获得了实惠。"难点村"调整了原来以单一种植业为主的产业结构，建立起以"太阳岛"为中心，大力发展旅游业和观光农业，依托 G319 国道穿村而过的交通优势，大力发展蔬菜及西香瓜种植，多渠道增加村集体和农民群众的经济收入。目前"难点村"接待旅游的人数达 3 万人，增加收入近 60 万元；西瓜香瓜种植面积近 300 亩，蔬菜种植面积 150 亩，美国红提种植面积达 180 亩，椪柑种植面积 500 亩，全村人均纯收入较治理工作开展前增加近 200 元。

第三节　五个文明建设

河溪镇以"工业富镇、产业富民、科技强镇、教育兴镇"为发展思路，全面落实经济建设、政治建设、文化建设、社会建设、生态文明建设五位一体的总体布局，五个文明建设长足进步，经济建设、招商引资，社会治安综合治理、计划生育工作形势喜人，教育、卫生、民政、文化等各项事业有了新的发展。

一　经济建设

河溪镇是武陵山连片特困区的一个行政乡镇，可持续性的经济发展是特困区治贫、扶贫、解贫、脱贫的关键，也是内生性发展手段。河溪镇以转变经济发展方式为主线，着力调整产业结构，优化经济结构，三大产业协同发展。同时河溪镇优化发展环境，保障和改善民生，加大招商引资的力度，努力实现经济社会的新突破。

（一）优化产业结构，综合经济实力不断提升

河溪镇主要以工农业为主，第三产业以旅游业为主。河溪镇依据资源禀赋，逐渐调整产业结构，促进整体经济的良性发展（见表9—4）。

表 9—4　　　　2010—2012 年河溪镇综合经济实力指标一览

年份	工农业生产总值（万元）	第一产业（万元）	第二产业（万元）	财政收入（万元）	城镇居民人均可支配收入（元）	农村居民人均纯收入（元）	招商引资到位资金（万元）
2010	40020	4398	35622	475.65	5860	2750	2410
2011	41820			501.8	6240	2970	4000
2012	43500	5100	38400	565	6850	3280	5200

从 2010—2012 年河溪镇综合经济实力指标一览表中，可看出工农业生产总值逐年攀升，财政收入逐年增加，工农业是河溪镇的支柱性产业，是财政收入的主要来源，符合河溪镇的自然、工业资源基础。河溪镇对外开放水平也有所提高，招商引资的资金年增长率是 46.9%，这充分说明河溪镇的市场资源较丰富，市场发展环境存在一定的优势。以支柱产业为龙头的各产业的协调发展使得城镇和农村居民可支配收入提高，城镇居民的可支配收入的年增长率为 8.1%，农村居民的可支配收入的年增长率为 9.2%，居民可支配收入的增幅在吉首市各乡镇居于前列。

（二）围绕"工业富镇"，铸就经济发展的核心

河溪镇以"工业富镇"为核心，以工业"东进、南扩、北提"为发展契机，着力建设百里工业园、马鞍工业园、张持工业园等园区，河溪镇的工业平台建设日渐完善，知识型、科技型、创新型、环保型等企业落户河溪镇，增加了河溪镇经济发展的动力。目前，河溪镇形成了以资源型、循环型、农产品精深加工和矿产品加工等四大工业体系为核心的"二十公里工业长廊"集群经济的新格局，同时也发展了橡胶、木材精深加工等新兴产业。涌现出阳成木业、边城醋业等具有一定知名度的企业，"榜爷"腊肉、大唐饮料厂、新型墙体材料厂、华鑫气体冲装有限公司、黑豚养殖、百里锰园和百里大桥等项目正在投资建设中，这些项目都会为河溪镇的经济建

设注人新的沽力。

（三）农业产业化能力增强，切实实现农业增效、农民增收

河溪镇围绕"农业增效、农民增收"这个主题，科学规划与引导，带领全镇农户大力发展具有特色的、支柱型产业，农业产业化能力增强。马鞍村是"省新农村建设示范点"，河溪镇以马鞍村为发展核心，继续抓好"林果""经作""蔬菜""花卉苗木""网箱养鱼"等五大产业建设；瞄准张排村的生态自然资源，建设绿色无污染、休闲观光的"湘西红提基地"；利用离城区较近的区位优势，着力建设持久村黄泥滩大棚蔬菜基地；楠木村发挥产业优势，发展"楠木贡茶"；河溪镇以"太阳岛"和"八仙湖"的优势旅游资源为依托，引导发展"农家乐"生态农业观光休闲旅游业。至2012年，河溪镇为了提升农业产业化所带来的附加价值，成立了4个专业合作社，种植市场紧俏的甜玉米150亩、茶叶2000亩，其中"丰裕隆种植专业合作社"成为吉首市黄金茶、金银花、千年桐种植示范基地；马鞍村开展"红色股份"试点，发展壮大了原有的富旺春合作社，进一步提高了椪柑产业化水平；阿娜村红湘西椪柑合作社、渔溪村叉尾鮰合作社也初具规模，河溪镇农业产业化能力正不断增强。

二 政治建设

河溪镇积极推进农村基层民主政治建设，通过多种方式提高民主管理水平，为建立服务型、民主型河溪而努力。河溪镇党委、镇政府建立了以党风廉政建设、政府效能建设、基层组织建设和日常工作管理四大核心为主的制度体系，规范政府工作人员的行为，让民众也能监督政府行为；党员通过多方式、多渠道的学习，不断提高自身修养，通过"理论＋调研＋实践＋报告"的形式提高广大党员干部的理论实践能力。在理论学习环节，河溪镇发挥远教资源的作用，年均开展各类培训20余次，教育培训2400人次，举办科技致富专题培训10余次，为农民群众解决生产、生活问题80多

个；在调研方面，主要以"下访"为主，镇干部每月下村不少于15 天，对自己所驻村需要做到"五知"，即知村里的基本情况；知贫困人口数、户数和特困户基本情况，知村干部思想、心理状况，知村要解决的突出问题，知村民群众迫切希望解决的热点、难点问题。下村做到三必访，即矛盾多、问题多、群众意见大的组和户必访，五保户、特困户必访，农村有特殊威望或贡献的老党员、老干部必访，从最基层了解民情民声，为干部开展乡镇工作的换位思考和把握工作主动性提供现实素材。在实践环节主要开展"知民情、解民忧""学一技、联一户、解一难"以及万民党员干部下基层"访贫问苦送温暖"等活动。报告环节主要是创办"干部论文论坛"专栏，它成为干部理论学习、调查研究的智慧宝库，河溪镇要求干部每季度上交一篇学习论文、调查报告或民情日记，并给予一定的鼓励，激励干部深入实际、深入基层、调查问题、思考问题、解决问题。这些活动的开展，进一步提高了党员的工作热情，让党的政策、党的威信和党的关怀在当地人民群众的生产、生活中产生重要影响。

河溪镇建立了一系列制度，健全村民自治机制，坚持和完善民主选举、民主管理和民主监督，通过村镇两级政务、党务公开，提高工作的透明度，让人民群众享有知情权、参与权和监督权；规范公开办事制度，健全村务决策民主制度和民主理财制度等，推行"村账镇管、两级审核"，增加村财务管理的合理性和透明度。

三　文化建设

文化是民族的血脉，是人民的精神家园。全面建成小康社会，实现中华民族伟大复兴，必须推动社会主义文化大发展大繁荣，兴起社会主义文化建设的新高潮，提高国家文化软实力，发挥文化引领风尚、教育人民、服务社会、推动发展的作用。河溪镇依托本地的人文优势资源，围绕文化强镇建设目标，以推进公民素质养成、文化基础设施建设、遗产保护、文化事业促进为主体，力图将河溪镇打造成为文化设施完备、文化产业发达、文化市场繁荣、文化人才集聚、文化创新突出的强镇。

（一）公民素质养成

公民素质的养成要从加强社会公德、职业道德、家庭美德、个人品德教育、弘扬中华传统美德、弘扬时代新风等方面展开。河溪镇以"信若山、怀若谷、气若桂、品若兰"的吉首精神来指导和塑造全镇人民群众的公民素质，"信若山"象征信念坚定、一诺千金、忠义血性、诚信朴实的秉性；"怀若谷"象征各族人民团结、和谐、包容、理解的博大情怀；"气若桂"象征不卑不亢、宠辱不惊的气节，质朴刚健、顽强进取的精神；"品若兰"象征亲山崇文、高雅贤德的品质。这些精神和品质是吉首人民，也是河溪人民长期文化传承所积淀而成的，在这种精神的洗礼之下，河溪镇涌现出了麻扎渔梁烈士公墓守墓人张仁旺，他十四年如一日，义务守墓、看护墓园、打扫道路、清除杂草、对外宣传先烈的英雄事迹、义务为乡邻撑船过渡，带头为群众修路，这位普通的共产党员用自己的行动诠释了河溪品格——朴实虽无华、诚信鉴人生。

（二）文化基础设施建设

河溪镇集中资金和精力进行文化基础设施建设，满足了乡镇村民文化需求，丰富了乡镇文化生活。河溪镇在交通便利的公路沿线6个村的2215户接入有线电视，受益人群达到8840人，河溪镇电视覆盖人口为12750人，覆盖率为98.9%；河溪镇斥资修建了镇综合文化站及人民舞台，在马鞍村等5个村建立农家书屋，藏书达8200余册；大力发展现代远程教育，截至2012年，河溪镇11个村1个社区都建立了远教站点，各站点每年均开展政策法规、农业科技等培训10期以上；建立了镇级文艺宣传队1支、村级5支，腰鼓队、老年文艺宣传队4支。河溪镇将在近三年，力争在每个村建立1间农家书屋（文化活动室），修建1个篮球场，配备简单的运动器材。

（三）遗产保护

河溪镇历史悠久，受历史的洗礼留下了不少有形和无形的文化遗产，有形的遗产包括清嘉庆二年的河溪古城遗址，持久村九脑遗址、古老建筑衙门、中老衙门、八仙阁、三圣宫、六王庙等历史古迹，以及朝阳门、云谷寺院等市级重点文物保护单位，麻扎渔梁烈士墓等市级革命教育基地。无形的文化遗产包括正月十五"钢花烧龙""六月六龙舟赛"、辰河高腔、河溪阳戏等，河溪镇实施民族民间文化保护工程，培养民间艺术项目传承人，守住河溪文化和精神之源。

（四）文化事业发展

河溪镇大力开展群众性文化娱乐活动，积极扶持社会民间文艺团体发展，推进社区文化、乡村文化、广场文化、校园文化建设，每年举办一次新农村文艺会演，在送文艺下乡、送法下乡、送政策下乡的基础上，积极开展各类文化事业进村入户活动，如"安全知识进校园、进社区、进农户"活动、优惠政策进农家、现场农技培训等。近几年，河溪镇年均开展活动 5 次，印发各类资料7400 余份，受益群众 5600 余人次。河溪镇重视全民健身活动，推行《全民健身计划纲要》，构建以人为本的群众体育服务网络，着力抓好学校体育、农村体育和社区体育三大体育板块，举办"星火杯"篮球赛和其他民间体育竞技活动，争取全镇体育人口达到40％以上，适龄中小学生体育锻炼达标率达 98％以上。河溪镇抓好公益性健身场地建设，80％以上村（社区）拥有开展篮球等大众体育项目的场地设施。同时，河溪镇加强文化市场管理机构和稽查队伍建设，健全文化市场管理网络，肃清文化市场的毒瘤，坚持"扫黄打非"，加快文化市场建设，按照"一手抓繁荣、一手抓管理"的原则，规范文化产品生产、经营、服务环节的经营行为；加强网络文化建设，引导文明上网，为广大青少年提供文明、健康的网络环境。

四　社会建设

社会建设的根本就是为人民群众创建宜居、和谐的生活环境。社会建设虽然涉及社会生活的方方面面，但最终目标就是要提高人民群众的生活质量和增强人民群众的幸福感。河溪镇将建设宜居平安和谐幸福的河溪摆在突出位置，努力实现人民群众称道的最具魅力乡镇，以此提高和改善村镇的民生水平。河溪镇社会建设的具体目标就是加快小城镇建设，努力使全镇人民群众学有所教、劳有所得、病有所医、老有所养、住有所居。

河溪镇社会保障工作深入开展，基本惠及全镇人民。人民群众关心的民政优抚、农村低保和农村特困户救助等政策得到落实。2010 年，全镇发放各种救助金共计 1033024 元。其中"优抚对象"51 人，共 164608 元；享受农村低保 213 户，585 人，共 278256 元；享受城镇低保 47 户，110 人，共 121668 元；发放社会救助金 307116 元；救灾物资折合 161376 元，确保了弱势群体的生产生活。

河溪镇文、教、卫事业蓬勃发展，保障全镇人民享有最基本的文化、教育、医疗卫生服务。河溪镇继续深化教育体制改革，全面推行义务教育，入学率、巩固率不断提高，全镇适龄儿童入学率达 100%；扎实推进新型农村合作医疗和城镇居民医保工作，让更多的人民群众受益，2010 年，全镇农村居民参合率达 91.5%，兑现参合补助金近 60 万元；2011 年，参合率达 93.55%，兑现参合补助金近 50 万元；2012 年参合率达 93.55%，兑现参合补助金 20.65 万元，切实解决了农村群众和城镇居民看病难、看病贵，因病致贫、因病返贫的问题。在文化建设方面，推进农家书屋建设工程、文化信息资源共享工程、现代远程教育工作、农村电影放映工程，丰富人民群众日益增长的文化需求。

河溪镇贯彻国策，认真抓好人口和计划生育工作，实现人口优生优育。坚持以稳定低生育水平、提高人口素质为核心，通过

"一把手"负责制,贯彻"村为主"的工作方针,把工作重点放在日常性的宣传教育上,进而转变群众婚育观念,营造良好的计生工作环境。对流动人口进行管理,全面摸清全员人口信息,建立人口信息台账。2010年,河溪镇计划生育率为91.12%;2011年,计划生育率为93.2%;2012年,计划生育率为92%。

河溪镇通过三级排查调处工作网络,全面排查调解化解矛盾纠纷,完善社会治安防控体系,构建管理长效机制的工作思路,及时化解大量矛盾纠纷,基本做到了重大矛盾不出乡镇;抓好道路水上交通、食品药品、危化物品、烟花爆竹、消防等重点领域的专项整治,坚决遏制重特大事故的发生,努力做到"宣传教育深入人心、准备工作超前到位、安全生产不留隐患",确保安全生产形势的持续稳定。

河溪镇在保持经济发展又好又快的基础之上,不断提高人民的物质生活水平,不断丰富文化生活内容,不断完善社会保障体系,不断提升社会管理能力,不断满足人民群众的合理诉求,让改革发展成果更多地惠及人民群众,不断提高人民生活质量和幸福指数。

五 生态文明建设

生态文明是党的十八大提出的重要战略部署,是新时代乡镇总体文明建设和经济社会全面协调可持续发展的重要保证。河溪镇结合本镇镇情,将建设生态河溪的理念融入经济建设、政治建设、文化建设、社会建设等各个方面,实现人与自然和谐共处,做到青山、绿水、蓝天、净土。

河溪镇依托本镇资源优势,将生态建设与旅游产业相融合,发展休闲、娱乐、农业观光等假日周末休闲旅游。"八仙湖"风景区的"民族风情""水上娱乐""休闲度假""垂钓"等休闲项目,"太阳岛"假日周末休闲游深受周边广大游客的青睐。林业生态建设方面,河溪镇在秀丽的峒河沿岸实行封山育林及退耕还林,严厉打击乱砍滥伐,既保证了峒河周边山美,也保证了峒河全线水美;

启动了"八百里绿色行动",栽植枞木、樟树、乌桕、木棉等各种苗木 17190 株,造林 94.5 亩,保护了周边的生态平衡。循环经济发展方面,河溪镇淘汰了落后的生产工艺和生产技术,加快了再生资源回收体系建设,重点加大对锰、锌等矿产品加工企业污染治理力度,2012 年全镇废气、废水排放达标率分别达 88%、92%,自然资源投入产出率同比提高 18%,主要再生资源循环利用率同比提高 62%;河溪镇还继续扎实推进沼气工程建设,继续大力推进粪便综合利用和无害化处理,优化农村能源结构,使得林木砍伐明显减少,既有效保护了森林资源,又实现了循环经济。

河溪镇大力推进镇容镇貌建设,按照"统一规划、科学布局、分步实施、整体推进"的思路,多措并举地建设美丽河溪。河溪镇加大基础设施投入,建设新农贸市场、廉租房、雁城街等项目,提高河溪镇的品质。实施镇区环境卫生"六清"综合整治工程,营造文明卫生的集镇环境。加快以阿娜村为重点的"围城靠市"村寨建设,推进常吉高速公路"吉首东"出口周边绿化亮化建设,完成 G319 国道沿线标准化路灯建设,切实提升河溪城镇品位。河溪镇以"整脏治乱绿化"行动为契机,深入开展"整脏治乱",建立健全镇卫生管理机制,着力解决农村乱搭、乱建、乱堆、乱放问题,组织人员对违规搭建建筑进行清查整理,杜绝生活垃圾、农产品垃圾下河现象,农村"脏、乱、差"的卫生环境明显改善。

第十章

幸福河溪:调查与反思

近十多年来,河溪镇历届政府坚持"以保障民生为根本、以改善民生为重点、以服务民生为目标",紧紧围绕"社会保障体系完善、城镇基础设施建设、惠民利民工程落实"开展和谐乡镇、民生乡镇和幸福乡镇建设,取得了十分明显的成效。2012 年,河溪镇代表湘西自治州参与"湖南省最具民生幸福感乡镇"角逐,并一举获得这一殊荣,成为湘西自治州唯一获得此殊荣的乡镇。那么,河溪镇的幸福指数究竟有多高,幸福表现在哪些方面,以及河溪镇"幸福乡镇"建设中有哪些可借鉴的经验、还存在哪些困难,未来如何进一步提升幸福指数等都是值得深入思考的问题。带着这些疑问,项目组于 2013 年 7 月 20 号—8 月 27 号对河溪镇进行了为期 1 个多月的深入调查,并对全镇 11 个村、1 个社区 120 户住户进行了民生幸福感、生计资本和生计模式的问卷调查(问卷见附录 6、附录 7),获得了十分翔实的第一手资料。本章首先对这两份问卷的调查结果进行剖析,然后,反思"幸福河溪"建设中存在的问题以及进一步提升幸福指数的思路和举措。

第一节 河溪民生幸福感调查

民生幸福感是一种复杂的主观感受,涉及收入和消费、人际关系、身心健康、生活条件等多个方面。鉴于研究的调查对象为随机抽取的基层老百姓，因而，在问卷设计方面遵循了简单、通俗又不失全面的原则。问卷共涉及生活条件篇、家庭和人际关系篇、身心健康篇、收入和消费篇等四大方面24道单选题和1道"您觉得您的幸福主要来源于什么"的开放式问题。问卷调查时间为2013年8月20—25日，调查对象为河溪镇12个村、社区中随机抽取的120户住户，每个村10户，被调查对象中男性71名、女性49名，占比分别为59.16%、40.84%；18—44岁的42人、45—59岁的68人、60岁以上的10人，占比分别为35%、56.67%和8.33%；职业类型分布上，农民（含在当地工厂打工、跑运输、经营小商铺又兼职务农的人）为109人，占90.83%；乡村教师等其他职业的共11人，占比约9.17%。

一　河溪居民的总体幸福感

在24道居民幸福感调查的单选题中，每道选题设定4—5个等级，以表征该项指标的实际状况或主观感受。其中，有21道选题中的A、B项表示较为肯定的评价，C、D（E）为较为否定的评价；另外3道选题，如月收入、生活压力和物价水平则恰好相反，A、B为较低或较为否定的评价，C、D（E）为较高或较为肯定的评价。因此，可以依据调查中居民肯定评价占比来初步衡量居民对幸福感的总体评价。

调查结果显示，全镇120户调查对象对24道居民幸福感单选题给出了45.07%的肯定性评价，这一比例并不是太高，不过，这一评价结论在不同的村或社区中存在明显的差异。其中，境内有G319国道通过、交通较为便利且经济社会发展较好的马鞍山、阿娜、张排、持久、河溪社区和新建村等6村（社区）居民的幸福感高于其他区位闭塞、交通不便的6村居民，两组居民对24道选题给出的肯定性评价百分比分别为51.59%和38.54%，前者高于后者约13个百分点。而在12个村（社区）中，有着"湖南省新

农村建设示范村"称号的马鞍村中居民幸福感最高,肯定性评价
占比为63.33%;其次是阿娜村,肯定性评价占比为58.75%;作
为河溪镇政治、经济和文化中心所在地的河溪社区,居民幸福感并
不是最高,而是排名第4,肯定性评价占比为48.75%;肯定性评
价占比最低的是中岩村,为32.5%,远远低于周边的马鞍、阿娜、
张排、持久4村,特别是比马鞍村低了30个百分点,形成鲜明的
对比。幸福感差距如此悬殊可能与村民对与周边村经济社会发展差
距过大而产生强烈的心理不平衡有关(见图10—1)。

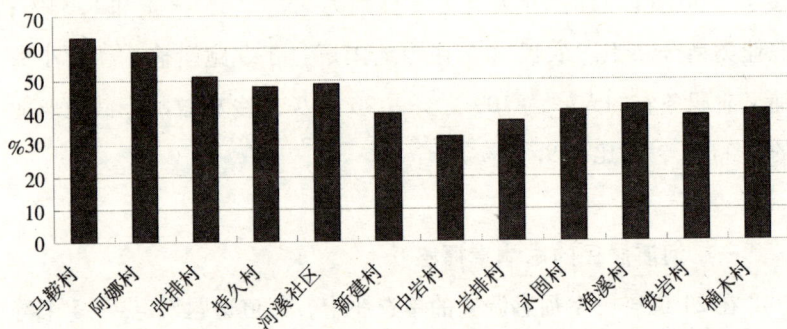

图10—1　河溪镇各村居民幸福感总体评价(肯定性评价占比)对比

　　在居民幸福感调查的四个维度中,河溪镇居民对人际关系的肯
定性评价占比较高,为77.71%,远远高于其他三个维度,对河溪
镇居民幸福感的贡献最大。生活条件、身心健康两个维度的肯定性
评价占比彼此相当,分别为37.97%和40.83%;收入消费维度的
肯定性评价占比最低,仅为34.38%,低于总体肯定性评价占比
45.07%约10个百分点。由上述比较可知,收入和消费能力不足、
生活条件有限仍是制约河溪居民幸福感的主要"瓶颈"。

二　河溪居民的生活条件

　　在生活条件状况调查中,主要涉及治安状况、出行便利、空气
质量、卫生条件、生活设施、住房条件和医疗服务7个方面,调查
结果如图10—3所示。在上述7个问题的回答中,给予非常肯定或

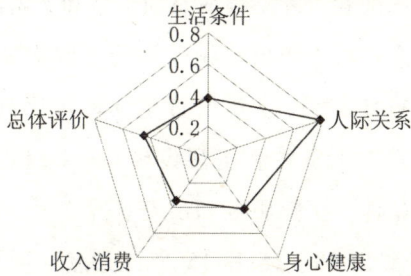

图10—2 河溪镇居民幸福感调查中四个维度肯定性评价比较

非常好的评价（即选 A）的比例偏低，空气质量、出行便利、卫生条件、生活设施、治安状况调查中选 A 的百分比分别为24.17%、5.83%、4.17%、2.5% 和 0.83%，而住房条件和医疗服务两项选 A 的比例为零。对生活条件给予较好评价（即选 B）的比例在各具体问题中也存在较大差异，空气质量项比例为49.17%，接近 50%，其次为治安状况、出行便利和卫生条件 3项，选 B 的比例均在 30% 以上，而生活设施、住房条件和医疗服务项选 B 的比例也在 25% 左右。综合而言，对生活条件各具体项给予肯定性评价（选 A 和 B）的比例中，最高的为空气质量，高达 73.33%，远远高于其他各项，这与河溪镇整体生态环境良好相一致，最低的为医疗服务和住房条件，肯定性评价比例低于 30%，说明河溪镇医疗服务和住房条件还有较大的改善空间。

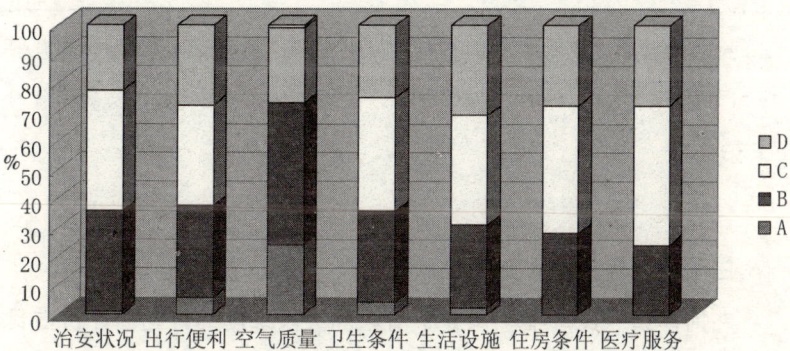

图10—3 河溪镇居民生活条件维度评价状况

从各村的对比来看，除空气质量项 1 组和 2 组的肯定性评价相差不大以外，其余各项 1 组的肯定性评价比例均高于 2 组。其中，差距最大的是出行便利项，1 组的肯定性评价比例比 2 组高出 38 个百分点；其次是卫生条件和生活设施项，1 组也比 2 组高出 31 个百分点；住房条件、医疗服务和治安状况方面，1 组的肯定性评价比例也比 2 组高出 23、15 和 15 个百分点。可见，1 组 6 个村（社区）在生活条件方面相对于 2 组 6 个村而言具有非常明显的优势。12 个村（社区）中，马鞍村和阿娜村的生活条件肯定性评价比例远远高于其他 10 个村（社区），这一比例分别为 78.57% 和 70%，高于最低的中岩村 50 多个百分点（见图 10—4）。

表 10—1　　　河溪镇不同类型村（社区）生活条件维度评价比较

	A		B		C		D	
	1组	2组	1组	2组	1组	2组	1组	2组
治安状况	0.017	0.000	0.417	0.283	0.417	0.417	0.150	0.300
出行便利	0.117	0.000	0.450	0.183	0.333	0.367	0.100	0.450
空气质量	0.233	0.250	0.517	0.467	0.233	0.283	0.017	0.000
卫生条件	0.083	0.433	0.200	0.333	0.450	0.150	0.350
生活设施	0.050	0.417	0.150	0.350	0.417	0.183	0.433
住房条件	0.000	0.000	0.400	0.167	0.433	0.450	0.167	0.383
医疗服务	0.000	0.000	0.317	0.167	0.517	0.450	0.167	0.383

注：1 组为交通便利组，指马鞍、阿娜、张排、持久、河溪社区和新建村 6 村（社区）；2 组为中岩、岩排、永固、渔溪、铁岩、楠木 6 个交通闭塞村（社区）。

三　河溪居民的人际关系状况

在河溪镇居民幸福调查中对人际关系维度的肯定性评价占比（即选 A 和 B）最高，对居民的幸福感有重要贡献。其中，和家人关系、朋友关系、邻居关系和同事关系的肯定性评价占比分别为

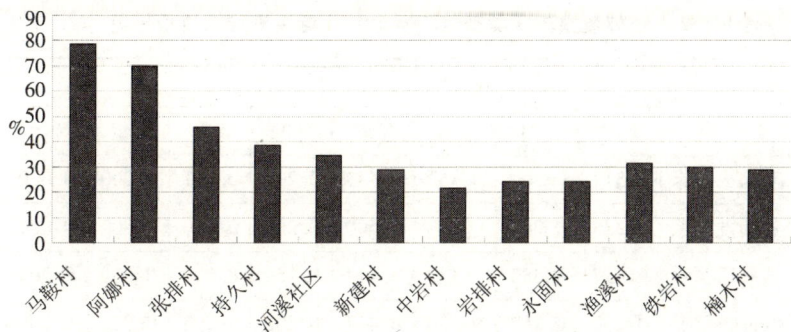

图10—4　河溪镇12村（社区）居民生活条件评价比较

75.83%、77.5%、82.5%和75%，彼此相差不大，和邻居关系、朋友关系的肯定性评价略高于和家人的关系，表明邻居、朋友这种社会资源、社交网络在河溪镇居民的生活中占有非常重要的地位。

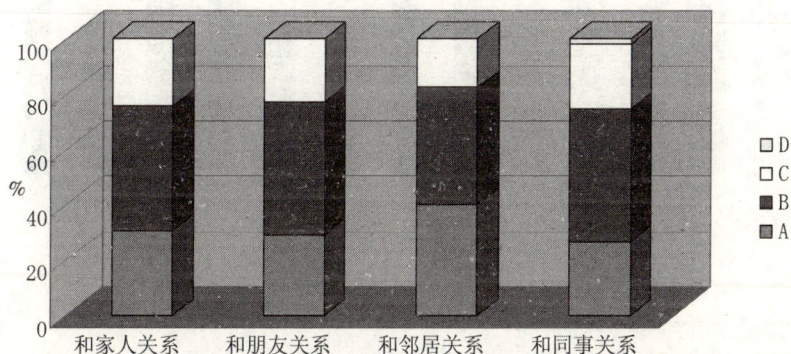

图10—5　河溪镇居民人际关系维度评价比较

表10—2和图10—6进一步表明，关于人际关系的肯定性评价在不同类型的村或社区间没有明显的差异。其中，交通便利组（1组）6村（社区）居民关于人际关系的肯定性评价与交通闭塞组（2组）6村的差别不超过5个百分点。而在各村（社区）的比较中，最高的是马鞍村，为90%；其次是楠木村、新建村和河溪社区，肯定性评价占比分别为82.5%、82.5%和80%；最低的中岩村，该比例也达到67.5%。可见，良好的人际关系是河溪镇的主要优势，也是居民幸福感的重要来源。

表 10—2　　　　河溪镇不同类型村（社区）人际关系状况评价比较

	A		B		C		D	
	1组	2组	1组	2组	1组	2组	1组	2组
和家人关系	0.317	0.300	0.467	0.433	0.217	0.267	0.000	0.000
和朋友关系	0.333	0.250	0.467	0.500	0.200	0.250	0.000	0.000
和邻居关系	0.417	0.383	0.433	0.417	0.150	0.200	0.000	0.000
和同事关系	0.267	0.267	0.500	0.467	0.200	0.267	0.033	0.000

　　注：1 组为交通便利组，指马鞍、阿娜、张排、持久、河溪社区和新建村 6 村（社区）；2 组为中岩、岩排、永固、渔溪、铁岩、楠木 6 个交通闭塞村（社区）。

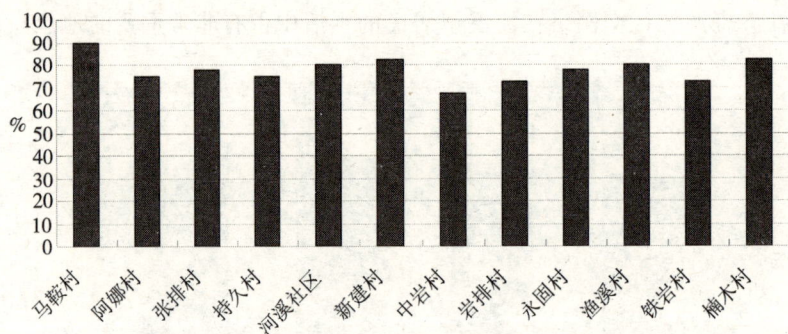

图 10—6　河溪镇 12 村（社区）居民人际关系评价比较

四　河溪居民的身心健康状况

　　身心健康是影响居民幸福感的重要因素。在河溪镇居民幸福感调查中，身心健康维度主要涉及身体状况、自我评价、生活压力、事业信心、成就感、睡眠状况、适应能力、业余生活和生活态度等 9 项。

　　调查结果显示，在身心健康维度的 9 项指标中，身体状况、睡眠状况和生活压力等 3 项指标的肯定性评价占比较高，分别达到 62.5%、63.33% 和 55%[①]，其余各项指标的肯定性评价占比均在

---

　　①　生活压力指标中，肯定性评价对应的是选择 C、D 项。

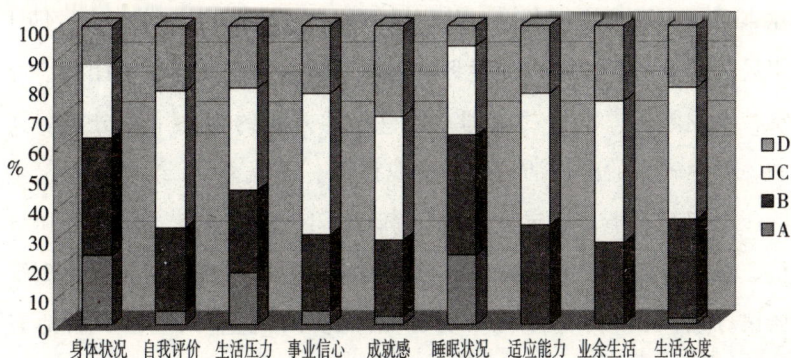

图10—7 河溪镇居民身心健康状况评价比较

30%左右；自我评价、生活态度、适应能力和事业信心等的肯定性评价比率为32.5%、35%、33.33%和30%；成就感和业余生活的肯定性评价比率更低，为28.33%和27.5%。这与我们的直觉是一致的，在欠发达地区人们的身体状况、睡眠状况较好，生活压力较小，但工作上的成就感、业余生活的多样性等则不如发达地区。

表10—3 河溪镇不同类型村（社区）身心健康维度评价比较

	A		B		C		D	
	1组	2组	1组	2组	1组	2组	1组	2组
身体状况	0.233	0.233	0.433	0.350	0.233	0.267	0.100	0.150
自我评价	0.083	0.000	0.317	0.250	0.467	0.450	0.133	0.300
生活压力	0.100	0.250	0.267	0.283	0.433	0.250	0.200	0.217
事业信心	0.083	0.000	0.267	0.250	0.467	0.483	0.183	0.267
成就感	0.050	0.000	0.300	0.217	0.433	0.400	0.217	0.383
睡眠状况	0.200	0.267	0.417	0.383	0.300	0.300	0.083	0.050
适应能力	0.000	0.000	0.333	0.333	0.500	0.383	0.167	0.283
业余生活	0.000	0.000	0.333	0.217	0.500	0.450	0.167	0.333
生活态度	0.033	0.000	0.367	0.300	0.450	0.433	0.150	0.267

注:1组为交通便利组,指马鞍、阿娜、张排、持久、河溪社区和新建村6村(社区);2组为中岩、岩排、永固、渔溪、铁岩、楠木6个交通闭塞村(社区)。

就河溪镇内部交通条件、社会经济发展状况不同的两类地区对

比来看，交通较为便利、经济社会发展较好的 6 村（社区），即 1
组居民对身心健康的肯定性评价比率总体略高于交通较为闭塞、经
济社会发展较差的 6 村，即 2 组，平均差距约为 9 个百分点。其
中，差距较大的是生活压力、自我评价、成就感，1 组居民不仅生
活压力相对要小，肯定性评价比率高出 16 个百分点，而且更加自
信、在工作上也更有成就感，该 2 项指标的肯定性评价比率比 2 组
居民分别高出 15 个、13 个百分点。此外，在业余生活、生活态
度、事业信心以及身体状况等 4 项指标上，1 组的肯定性评价比率
也比 2 组高出 10 个左右的百分点，仅有适应能力和睡眠状况 2 项
差别非常小，1 组居民的睡眠状况比 2 组居民要略差一些。

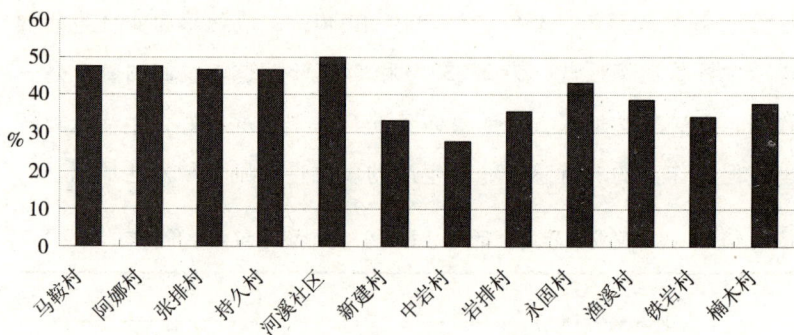

图 10—8　河溪镇 12 村（社区）居民身心健康评价比较

图 10—8 进一步给出了河溪镇 12 村（社区）居民身心健康肯
定性评价比率。不难发现，河溪社区居民的身心健康肯定性评价比
率最高，为 50%；其次，马鞍村、阿娜村、张排村、持久村、永
固村等 5 个村的肯定性评价比率也在 40% 以上；最低的是中岩村，
肯定性评价比率仅为 27.78%，与最高的河溪社区相比，低了约 23
个百分点；其余 5 村的肯定性评价比率则在 30% —40% 之间。

五　河溪居民的收入消费状况

收入和消费是幸福感的物质基础，本研究中主要从月均收入、
收入满意度、物价满意度和就业满意度等 4 个指标加以反映。其

中，月均收入越高，表示幸福的物质基础越扎实，收入满意度、就业满意度可能会更高；而物价水平越稳定，物价满意度可能会更高，进而居民的实际消费能力更强，从而幸福感可能更高。

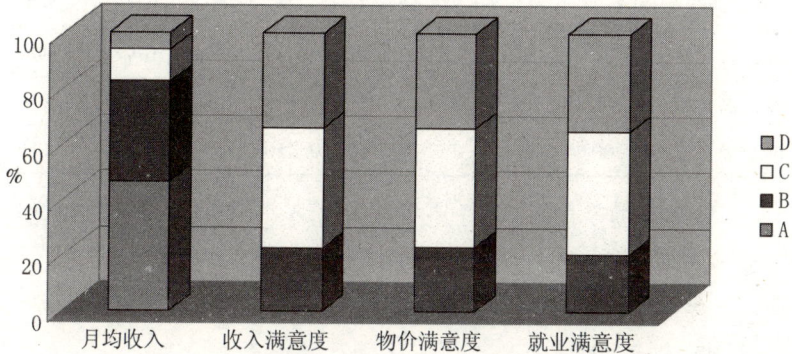

图10—9　河溪镇居民收入消费状况评价比较

调查结果显示，河溪镇居民的月均收入比较低，约82.5%的被调查对象的月均收入低于3000元（选A和B），46.67%的被调查对象月均收入低于2000元（选A），因而收入较好（即月均收入高于3000元）的比率仅为17.5%。相应地，居民的收入满意度和就业满意度都比较低，两者的比率分别为22.5%、20.83%。物价满意度方面，被调查对象选择"可以接受"（选C）和"一般"（选D）的比率之和较高，为76.67%，即居民对物价水平有较高的满意度。

在河溪镇两类不同类型的地区中，收入消费维度各指标肯定性评价比率平均相差约13.8个百分点。其中，交通便利和经济社会发展较好的1组月均收入在3000元以上的比率比2组高出35个百分点，事实上，在调查中来自2组6个村的被调查对象都声称其月均收入低于3000元。其次是收入满意度和就业满意度，1组均比2组高出11.7个百分点。物价满意度则在两类地区的调查对象中几乎没有差别。在12个村（社区）中，收入消费状况肯定性评价比率最高的是阿娜村，为47.5%；其次是马鞍村、张排村、持久村和河溪社区，肯定性评价比率均在40%以上；最低的是永固村和楠木村，肯定性评价比率为25%。

表10—4　　　河溪镇不同类型村（社区）收入消费维度评价比较

	A		B		C		D	
	1组	2组	1组	2组	1组	2组	1组	2组
月均收入	0.317	0.617	0.333	0.383	0.233	0.000	0.117	0.000
收入满意度	0.000	0.000	0.283	0.167	0.433	0.433	0.283	0.400
物价满意度	0.000	0.000	0.250	0.217	0.467	0.383	0.283	0.400
就业满意度	0.000	0.000	0.267	0.150	0.450	0.433	0.283	0.417

注:1组为交通便利组,指马鞍、阿娜、张排、持久、河溪社区和新建村6村(社区);2组为中岩、岩排、永固、渔溪、铁岩、楠木6个交通闭塞村(社区)。

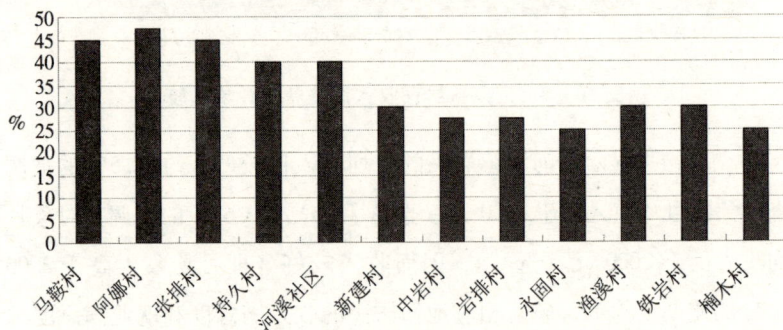

图10—10　河溪镇12村（社区）居民收入消费状况评价比较

六　河溪居民的幸福来源

在幸福感调查中，本课题组还设计了"您的幸福主要来源于什么"的开放式问答，并要求被调查者给出3个来源。根据被调查对象的回答，依据相近原则整理得到如图10—11的调查结果。认为幸福感来源于知足、生活有保障、家庭和睦的比率最高，分别为18%、15%和13%，三者之和达到46%，接近总答案数量的1/2;其次，超过10%的还有和亲朋邻里关系融洽、身体好2项;此外，出行便利、做成了自己想做的事情、小孩有出息、业余生活丰富的比率均在5%以上。这一调查结果再次表明，幸福作为一种主观感受，需要一定的物质支撑，如生活有保障、出行便利等，但更多的还是精神上的满足，如知足、家庭和睦等。

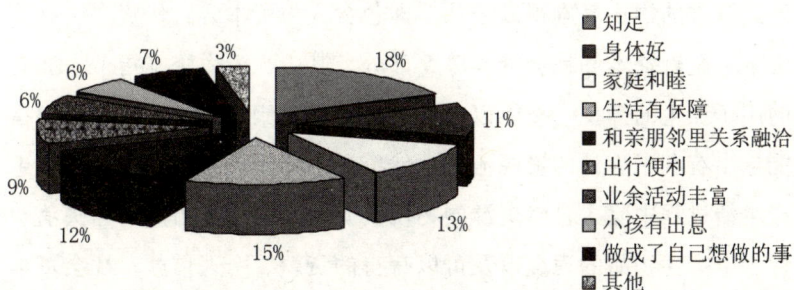

图 10—11　河溪镇居民幸福感来源分布图

第二节　河溪镇家庭生计资本与生计模式调查

生计问题乃民生之本，幸福之源。河溪镇家庭的生计资本存量与生计模式选择直接影响到居民的民生幸福感。在对河溪镇居民幸福感进行调查研究的同时，课题组对河溪镇各村随机抽取的 10 户代表性家庭的生计资本和生计模式进行了调查。调查对象的基本情况同居民幸福感调查，即居民幸福感调查、生计资本与生计模式调查这两份问卷的调查对象相同。本节主要对河溪镇家庭生计资本状况、生计模式特征进行分析，并简单讨论和验证河溪镇家庭生计资本、生计模式与居民幸福感之间的关系。

一　生计资本的构成

较早对生计进行思考的是 Chambers & Conway（1992），他们指出"生计是谋生的方式，建立在资产、能力和活动基础上"。在资产、能力和活动三大组成要素中，资产是生计结构最重要的基础，决定着可能做出的选择及采取的行动策略。他们将生计资产划分为有形资产和无形资产两类。Scoones（1998）则将生计资产进一步划分为 4 类，即人力资产、自然资产、金融资产和社会资产。2000 年，英国国际发展部（UK's Department for International Development，DID）又将金融资产细分为物质资产和金融资产。至此，生计资本的构成基本得以公认，即包含人力资本、自然资本、物质资本、金融资本和社会资本等5部分。其中，人力资本指个人拥有的用于谋生的知识、技能以及劳动能力和健康状况；自然资本则指能导出有利于生计的资源流和自然资源；物质资本指用于经济、生产生活过程中除去自然资源的物质资源；金融资本指用于购买消费性、生产性物品的现金以及可以获得的贷款、个人借款；社会资本则指可为实现不同生计策略的各种社会资源，包括个人参与的社区组织、获得的社会网络支持等（见图10—12）。

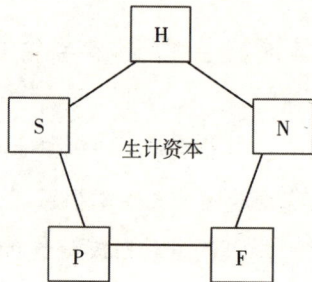

H：人力资本；N：自然资本；F：金融资本；P：物质资本；S：社会资本

图10—12　生计资本构成图

二　生计资本测度方法

生计资本量化测度是农户生计研究中的重要内容，Sharp（2003）和李小云（2007）等对农户生计资本定量研究做出了重要的贡献，他们的研究思路和方法一直为当前的生计资本量化研究所借鉴，本研究也不例外。首先，建立农户生计资本测量指标体系；其次，确定各级指标对应的权重；最后，基于调查数据的基础上计算农户生计资本的标准化得分，为进一步的生计资本状况分析提供数据基础。

为了使生计资本的量化测度更具可操作性，在借鉴谢东梅（2009）、杨云彦等（2009）生计资本测度指标设定的基础上，本研究进一步地从数量、质量两个层面对生计资本的5类资本类型的测量指标进行了设定（见表10—5）。

表 10—5　　　　　　　　河溪镇家庭生计资本测量指标体系

资本类型	测量指标	指标符号	指标权重	计算公式
人力资本	劳动能力数量	H_1	0.6	$0.6 \cdot H_1 + 0.4 \cdot H_2$
	劳动能力质量	H_2	0.4	
自然资本	拥有自然资本的数量	N_1	0.6	$0.6 \cdot N_1 + 0.4 \cdot N_2$
	拥有自然资本的质量	N_2	0.4	
物质资本	住房状况	P_1	0.4	$0.4 \cdot P_1 + 0.3 \cdot P_2 + 0.3 \cdot P_3$
	拥有的资产设备	P_2	0.3	
	公共设施接近性	P_3	0.3	
金融资本	自有金融资本	F_1	0.7	$0.7 \cdot F_1 + 0.3 \cdot F_2$
	外部资金可获得性	F_2	0.3	
社会资本	获得的社会支持	S_1	0.6	$0.6 \cdot S_1 + 0.4 \cdot S_2$
	社会关系网络	S_2	0.4	

（一）人力资本指标及其测度

人力资本由家庭的劳动能力数量和劳动能力质量两个二级指标构成。其中，劳动能力数量为处于不同年龄阶段和健康状况的家庭成员所拥有劳动能力的总和。不同年龄阶段和健康状况家庭成员的劳动能力不同，需要分别进行赋值（见表10—6）。劳动能力质量则是以家庭成年劳动力的文化程度所体现的生计活动能力测量指标，这一指标的测量根据所接受教育程度划分为6种类型进行赋值（见表10—6）。在对家庭各种类型劳动力的劳动能力数量、质量赋值的基础上，按照表10—5中对应的指标权重和计算公式进行加总求和，得到家庭人力资本得分，然后通过与代表性家庭人力资本理想值相除进行标准化[①]，从而得到该家庭的人力资本值。

---

① 本研究中设定的代表性家庭为人口规模为5人的家庭，该家庭的理想状态是3人具备完全劳动力，2人完全不具备劳动力，并且具备劳动力的人均受过本科或本科以上的学历教育。因而，代表性家庭人力资本的理想值为15分。

表 10—6　　　　　　　　　河溪镇家庭人力资本指标及其赋值

劳动能力数量赋值			劳动能力质量赋值 *	
成员类型	特征	赋值	受教育程度	赋值
学龄前儿童	年纪太小，不具备劳动能力	0	文盲	0
受教育阶段儿童、青少年	可以从事一定的辅助性劳动	1	小学	1
待业或赋闲在家的青少年	具有劳动能力，可以从事相应劳动	3	初中	2
打工青年	具有劳动能力，能为家庭创造收入	4	高中或中专	3
成年人	能从事全部劳动，家庭生计成果的主要创造者	5	大专	4
60—75 岁的老年人	只能从事有限劳动	2	大学本科及其以上	5
75 岁以上的老年人	年纪太大，不适合从事劳动	0		
丧失劳动能力者	因伤病丧失劳动能力，不能从事劳动	0		

注：* 这一指标只针对家庭中 18—60 岁的成年人劳动力。

（二）自然资本指标及其测度

土地等自然资本是农户生存的最基本保障，也是农民最重要的生计资本之一，而农户长期拥有、长期使用的土地数量及质量能大体反映农户自然资本的状况。调查中我们将土地这一自然资本进一步细分为耕地和林地两类，并均从数量和质量两个层面加以反映。前者反映农户拥有自然资本的规模；后者反映自然资本的产出效率。由于土地质量受地形、灌溉条件、土壤习性、耕作技术等多种因素的影响，因而土地质量的测量由农户根据自身耕作经验进行评分赋值，同时，为了与土地质量的评分赋值相对应，我们也将土地规模按照几个等级进行评分赋值，具体如表 10—7 所示。类似地，我们按照表 10—5 中的相应权重和计算公式可计算得到自然资本的得分，进而除以理想值进行标准化①。

表 10—7　　　　　　河溪镇家庭自然资本指标及其赋值

自然资本数量			自然资本质量		
类型	面积	赋值	类型	等级	赋值
耕地	<3 亩	1	耕地	非常好	5
	3—10 亩	3		比较好	4
	>10 亩	5		一般	3
				中下等	2
				下等	1
林地	<3 亩	1	林地	非常好	5
	3—10 亩	3		比较好	4
	>10 亩	5		一般	3
				中下等	2
				下等	1

（三）物质资本指标及其测度

物质资本是指家庭可用于生产和生活的物资设备和基础设施，如住房、农用机械、耐用消费品以及道路、教育、医疗卫生等公共服务的可获得性等。在本研究中，物质资本的测量设定了 3 个指标，即住房状况、拥有的资产设备和公共设施接近性，并分别赋予 0.4、0.3 和 0.3 的权重。住房状况方面又细分为住房类型、住房面积和建筑年限 3 个指标，住房状况的得分则根据上述 3 个次级指标的赋值进行计算；在拥有的资产设备方面，本研究列出了农用车辆、农用机械、交通用车、彩电、冰箱、产业基地、经营店面等 12 种类型，每拥有 1 类便可获得资产设备值 1 分；在公共设施接近性方面，根据农户对农用物资

———————

① 自然资本的理想值为 10 分，即代表性家庭拥有的耕地、林地面积均在 10 亩以上，并且质量等级均为"非常好"。

购买便利性、医疗卫生条件、道路交通设施和儿童受教育条件等 4 类公共服务的满意程度进行赋值，满意为 1 分，不满意为 0 分。物质资本指标的赋值如表 10—8 所示。物质资本得分按照上述 3 个指标得分加权求和得到，并除以理想值进行标准化①。

表 10—8　　　　　　河溪镇家庭物质资本指标及其赋值

住房状况			公共设施接近性		
类别	特征	赋值	类别	评价	赋值
住房类型	混凝土结构	5	农用物资采购便利性	满意	1
	砖瓦结构	4		不满意	0
	砖木结构	3	医疗卫生条件	满意	1
	土木结构	2		不满意	0
	其他	1	道路交通设施	满意	1
人均住房面积	>50 平方米	5		不满意	0
	30—50 平方米	4	儿童受教育条件	满意	1
	20—30 平方米	3		不满意	0
	10—20 平方米	2			
	<10 平方米	1			
房屋建筑年限	<5 年	5			
	5—10 年	4			
	10—20 年	3			
	20—30 年	2			
	30—50 年	1			

注：12 类资产设备为每类 1 分，因而没有在表中专门列出。

（四）金融资本指标及其测度

金融资本指家庭可自主支配和可筹措的资金，包括两部分，一是家庭的年现金收入；二是家庭可从各种渠道筹措的资金或获得的

---

① 物质资本的理想值为 10.8 分，即代表性家庭的住房为混凝土结构、人均住房面积大于 50 平方米、房屋建筑年限小于 5 年、拥有 12 类资产设备并且对 4 类公共基础设施和服务均满意。

政府救助和补贴。家庭的年现金收入主要是农户通过销售农产品和外出务工等获得的收入，是家庭金融资本的主要构成部分。而筹措的资金和外部补贴与援助虽也是家庭金融资本的来源，但在金融发展相对滞后的欠发达地区，其贡献相对有限，并且从外部借入资金对很多家庭而言是隐私问题，不愿给出真实的回答，因而，我们通过对借钱的难易程度评价来间接测度。具体地，金融资本各指标的赋值见表10—9。由于河溪镇区域金融发展滞后，农户融资难度较大，对自由可支配现金收入依赖程度高，因而，对家庭的年现金收入指标赋予0.7的权重，外部可筹措资金指标赋予0.3的权重。金融资本得分按照表10—5的公式计算，然后除以理想值进行标准化①。

表 10—9　　　　　河溪镇家庭金融资本指标及其赋值

类别	特征	赋值	类别	特征	赋值
人均年现金收入	<4000元	1	获得农业补贴	<100元	1
	4000—8000元	3		100—500元	3
	>8000元	5		>500元	5
借钱难易程度	很难	0	获得救助金	<100元	1
	难	1		100—500元	3
	一般	3		>500元	5
	容易	5			

（五）社会资本指标及其测度

社会资本指家庭为了实施生计策略而利用的社会网络，包括在进行重大决策、面临特殊困难时获得的社会支持，和邻居、亲戚朋友的关系以及加入的社区组织、合作组织等。本研究中社会资本用两个指标来衡量，一是家庭在生产生活中获得支持的状况，如家庭急需资金支持、重大决策以及劳动力互助方面得到的社会支持状

---

① 金融资本的理想值为8，即代表性家庭人均年现金收入在8000元以上，并感觉借钱很容易、获得农业补贴和救助金都在500元以上。

况；二是家庭与村干部、乡邻和亲戚的关系状况以及是否加入农村合作组织等。社会资本状况可以大体反映家庭在面临风险和困难时获得外部支持的强弱。具体地，河溪镇家庭社会资本各指标及其赋值依据如表10—10所示。社会资本得分的计算公式见表10—5，求得总分后通过除以理想值进行标准化[1]。

表10—10　　　　河溪镇家庭社会资本指标及其赋值

类别	特征	赋值	类别	特征	赋值
急需资金支持	比较容易	3	和邻里关系	很好	3
	比较难	1		好	2
	非常难	0		一般	1
重大决策支持	经常	3		不太好	0
	偶尔	1	和亲戚关系	很好	3
	不会	0		好	2
劳动力互助	经常	3		一般	1
	偶尔	1		不太好	0
	不会	0	是否有人任村干部	是	1
和村干部关系	很好	3		否	0
	好	2	是否加入合作组织	是	1
	一般	1		否	0
	不太好	0	常联系的城里亲戚	有	1
				没有	0

三　河溪镇家庭生计资本状况

本课题组在河溪镇12村（社区）中，每村（社区）随机抽取10户家庭进行问卷调查，然后根据第二部分中生计资本各资本构成得分的计算方法对各家庭的生计资本进行评分，最后，以10户

---

① 社会资本的理想值为10.2，即代表性家庭在急需资金、重大决策上容易或经常得到支持，并经常进行劳动力互动，与村干部、邻里、亲戚关系很好，家里有人任村干部、加入了合作组织，并且有常联系的亲戚居住在城市。

家庭生计资本及各构成资本得分均值作为该村（社区）家庭生计资本状况的表征。调查结果如表10—11所示。

表10—11 **河溪镇12村（社区）家庭生计资本得分**

村名	人力资本	自然资本	物质资本	金融资本	社会资本	生计资本
马鞍村	0.580	0.680	0.629	0.579	0.631	3.099
阿娜村	0.689	0.592	0.563	0.551	0.490	2.886
张排村	0.595	0.696	0.530	0.499	0.441	2.761
持久村	0.611	0.692	0.480	0.478	0.435	2.696
河溪社区	0.639	0.480	0.615	0.540	0.433	2.707
新建村	0.512	0.620	0.425	0.428	0.375	2.359
中岩村	0.471	0.696	0.368	0.421	0.337	2.293
岩排村	0.513	0.620	0.378	0.385	0.339	2.236
永固村	0.521	0.620	0.331	0.386	0.333	2.192
渔溪村	0.508	0.650	0.345	0.383	0.331	2.217
铁岩村	0.513	0.588	0.324	0.371	0.294	2.090
楠木村	0.433	0.636	0.312	0.353	0.386	2.120
全镇	0.549	0.631	0.442	0.448	0.402	2.471

注：生计资本得分由人力资本、自然资本、物质资本、金融资本和社会资本得分加总得到。

不难发现，河溪镇家庭生计资本总体得分不高，为2.471分，不到理想得分的1/2。在5类资本构成中，得分最高的为自然资本，分值为0.631，而自然资本得分较高主要得益于河溪镇总人口较少，户均耕地、林地面积相对较大，不过，耕地和林地质量并不理想，在一定程度上制约了自然资本的价值。得分排第二位的是人力资本，分值为0.549分，类似地，户均具备劳动能力的成年人数量是人力资本得分的主要来源，而受教育程度不高、人力资本质量较低影响了人力资本的价值[①]。物质资本、金融资本和社会资本3

---

① 河溪镇少数民族人口占比较高，在对少数民族计划生育政策相对宽松及大家庭习俗的背景下，河溪镇户均人口规模相对较大。

项资本的得分非常接近，分别为 0.442、0.448 分和 0.402 分，得分都不到理想得分的 1/2。物质资本、金融资本得分不高与河溪镇经济社会发展总体水平不高、金融发展较为滞后相一致。社会资本得分也很低，则警示我们欠发达地区、农村社区的社会资本有了较大的下滑，原因可能与社会转型背景下传统的社会资源、社会网络、社会秩序得以破坏，而新的社会价值理念、社会秩序和社会网络尚未建立有关①。

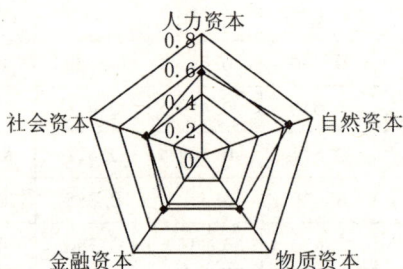

图 10—13　河溪镇家庭生计资本各构成资本得分比较

河溪镇 12 个村（社区）的家庭生计资本状况存在一定的差别，如图 10—14 所示。作为"湖南省新农村建设示范村"的马鞍村，村内家庭设计资本得分最高，为 3.099 分；其次是阿娜村、张排村、持久村和河溪社区，这 4 个村（社区）处于第二层次，生计资本得分在 2.5—3 分之间，并且彼此差距非常小。新建村、中岩村、岩排村、永固村、渔溪村、铁岩村和楠木村等 7 个村处于第三层次，生计资本得分在 2—2.5 分之间，均低于全镇的平均水平 2.471 分，其中，得分最低的是铁岩村，得分仅为 2.09 分，与得分最高的马鞍村相差 1.009 分。进一步分析发现，各村（社区）家庭生计资本状况与该镇地理区位、经济社会发展空间格局基本吻合。有 G319 国道经过、离吉首市相对较近或镇政府所在地的 6 个村（社区）中，除新建村以外，生计资本得分都处在第一、二层

---

① 也就是当前农村老百姓经常感叹的"人心不古"，即家族观念、邻里观念、伦理道德观念淡化。

次，即便在这5个村（社区）中也大体呈现与吉首市交通距离增大而递减的趋势。而处于第三层次的7个村中，除新建村的地理区位劣势不明显以外，其余各村均交通不便、偏远闭塞、自然条件也相对恶劣。

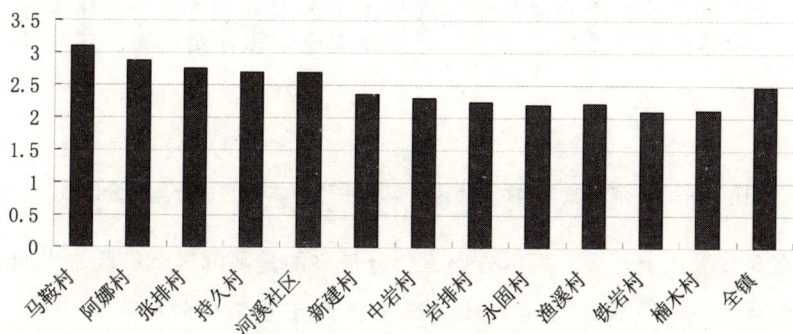

图 10—14　河溪镇 12 村（社区）家庭生计资本状况比较

　　河溪镇 12 村（社区）家庭生计资本的资本构成也各不相同，图 10—15 对这些差异进行了描述。马鞍村生计资本中 5 类资本的得分最为均衡，人力资本、自然资本、物质资本、金融资本和社会资本的得分分别为 0.580、0.680、0.629、0.579 分和 0.631 分，可见马鞍村生计资本构成中没有明显的"短板"。其余 11 村（社区）中生计资本构成都不够均衡，存在明显的"长板"或"短板"，如除楠木村以外，社会资本均为"短板"，除阿娜村、河溪社区以外，自然资本均是"长板"。其中，"长板"和"短板"之间差距超过 0.3 分的有中岩村、渔溪村和楠木村，不过，楠木村的"短板"不是社会资本，而是物质资本；"长板"和"短板"之间差距超过 0.2 分的有铁岩村、永固村、岩排村、张排村、持久村、新建村和河溪社区，不过，河溪社区的"长板"不是自然资本，而是人力资本。

　　在 5 类生计资本构成中，各类生计资本在各村（社区）之间的均衡性不一样。社会资本和物质资本的极差达到 0.3 分以上，分别为 0.337、0.317 分，金融资本、人力资本和自然资本的极差也

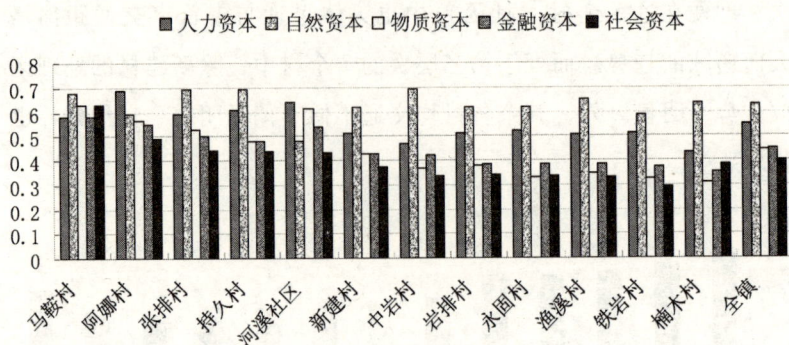

■人力资本 ■自然资本 □物质资本 ▩金融资本 ■社会资本

图 10—15　河溪镇 12 村（社区）家庭生计资本各构成资本得分比较

在 0.2 分以上。人力资本方面，得分最高的是阿娜村，最低的为楠木村，分值分别为 0.689、0.433 分，低于 0.5 分的还有中岩村；自然资本方面，各村之间的差距最小，中岩村得分最高，河溪社区得分最低，两者相差 0.216 分，并仅有河溪社区、铁岩村、阿娜村得分低于 0.6 分；物质资本方面，仅有马鞍村和河溪社区的得分在0.6 分以上，其中马鞍村最高，为 0.629 分，楠木村最低，为 0.312 分，两者相差 0.317 分；金融资本方面，马鞍村、阿娜村和河溪社区的得分在 0.5 分以上，最高的是马鞍村，为 0.579 分，最低的是楠木村，为 0.353 分，两者相差 0.226 分；社会资本方面，马鞍村遥遥领先，得分达到 0.631 分，其余 11 个村（社区）的得分均低于 0.5 分，最低的是铁岩村，为 0.294 分，与最高者相差0.337 分。此外，在 5 类资本中，除自然资本以外，区位条件较好、经济社会发展相对较好的 6 村（社区）各资本得分总体上都高于区位劣势、发展相对滞后的 6 村。

四　河溪镇家庭生计模式特征

生计模式也叫生计方式，简单地说就是人们谋生的方式，经常用职业类型或收入来源方式进行体现。河溪镇城镇化率很低，绝大部分家庭的职业为务农，因而，收入来源渠道能更好地反映不同家庭的生计特征。在 120 份调查问卷中，收入来源项有 268 项被选。

在这 268 项被选中，被选频率最高的是打工和卖果品两项，比率分别为 29% 和 20%，这意味着打工和种植销售水果是河溪镇家庭的主要收入来源，这一调查结果与河溪镇的现实相符。一方面，河溪镇作为湘西州、吉首市的工业强镇，近年来引入了不少的工业企业，居民就地打工的人数不断增加，同时由于最近两年椪柑产业价格低迷，放弃椪柑种植外出打工的人数也有所增加，因而，打工成为河溪镇家庭的第一收入来源；另一方面，长期的培育和积累，椪柑产业仍然是河溪镇的主要产业之一，部分家庭仍以椪柑种植谋生，另外，像红提、香瓜、西瓜等水果基地的扩建也吸引了不少农户，使得果品种植销售成为河溪镇家庭的第二收入来源渠道。其次，卖粮菜、工资收入、卖家禽、做生意也成为家庭收入的重要补充，甚至是少数家庭的主要收入渠道。

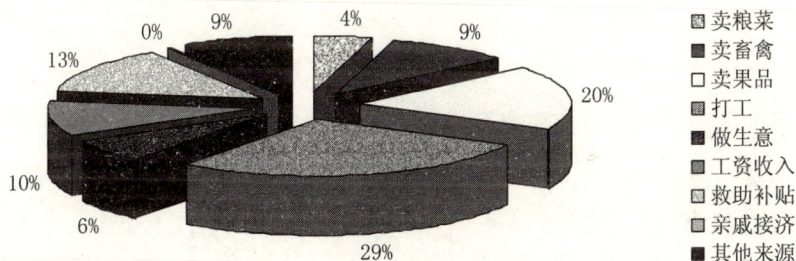

图 10—16　河溪镇居民家庭收入来源分布

河溪镇内不同村（社区）家庭收入来源分布略有差异。在马鞍村、张排村，果品销售收入是家庭收入的第一来源，其次才是打工收入。而阿娜村、持久村、新建村、永固村、渔溪村、铁岩村和楠木村，家庭收入第一来源都是打工收入，特别是楠木村和永固村，打工收入占比相当高。而且，新建村和交通闭塞的中岩、岩排等 6 村（2 组）中，政府的救助和补贴也是家庭收入来源中不可忽视的部分。阿娜村的工资性收入是仅次于打工收入的第二收入来源，远高于果品销售收入，这与阿娜村内企业数量较多密切相关。河溪社区作为河溪镇政治、经济和文化中心，其各种收入来源的比重相对均衡，做生意成为与打工收入不相上下的家庭最主要的收入来源；其次，工资性收入、卖畜禽、卖粮菜也占有较高的比率。卖果品和打工收入是中岩村家庭主要收入来源，且占比几乎相同。此外，卖畜禽在中岩村、永固村家庭收入来源中占有较高的比重。

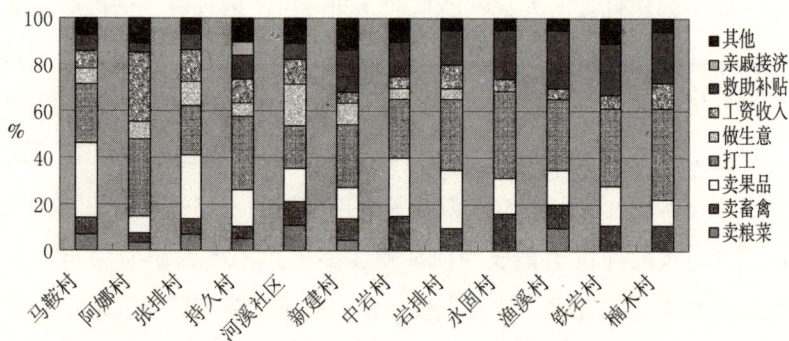

图10—17 河溪镇12村（社区）家庭收入来源分布比较

生计模式的多样化是规避生计风险、降低生计脆弱性的有效途径，因此，生计模式多样性也是反映家庭收入稳定性、收入水平的重要指标。为了进一步考察河溪镇12村（社区）家庭收入特征，我们计算了各村家庭生计模式（收入来源）多样性指数（图10—18）[1]。不难发现，各村（社区）家庭收入来源的多样性差异较为明显，张排村、马鞍村、河溪社区、阿娜村的多样化指数较高，均高于2.5，持久村则出人意料地低，仅为1.9，出现这一结果可能与调查过程中调查对象的选择性偏误有关[2]。而中岩村、岩排村、永固村、渔溪村、铁岩村、楠木村的家庭收入来源多样性指数均没有超过2。进一步地，分组比较可以发现，交通区位便利、经济社会发展相对较好的6村（社区），即1组的生计模式多样性

---

① 家庭生计模式（收入来源）多样性指数为每一家庭收入来源的渠道数，如某家庭的收入来源是打工和卖果品，则其多样性指数为2。本研究所计算的是各村家庭收入来源多样性指数的平均数。

② 在该村调查中，由于当天村民开会，选择调查对象较为随意，可能出现了选择性偏误。

指数均值为 2.6，而交通闭塞、经济社会发展相对滞后的 2 组，生计模式多样化指数均值为 1.9，两者相差 0.7，全镇的平均值则为 2.2。

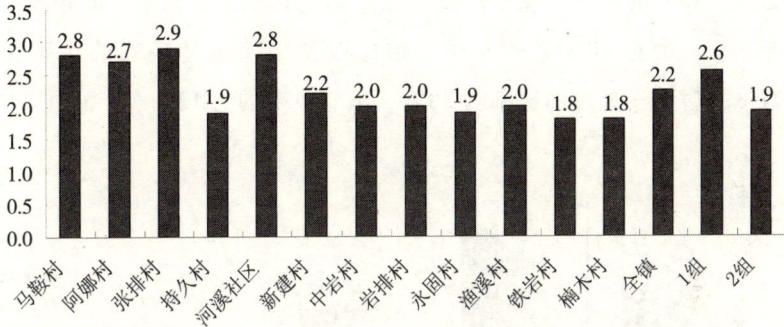

图 10－18　河溪镇家庭收入来源的多样性比较

那么，河溪镇居民对当前的生计模式的满意度、改变意愿如何呢？心目中理想的生计模式又是怎样的？调查结果对这些问题给出了相应的回答。总体而言，河溪镇居民对当前的生计模式不太满意，满意和基本满意的比率仅为 9%、28%，很不满意的比率为 31%。满意度在区位条件和经济社会发展水平差异明显的两地区（1 组、2 组）间存在较大差异，1 组的满意和基本满意率为 17%、35%，2 组仅为 2%、22%，相差 15 个百分点和 13 个百分点；1 组的不满意率为 20%，而 2 组高达 42%，比 1 组高出 22 个百分点。

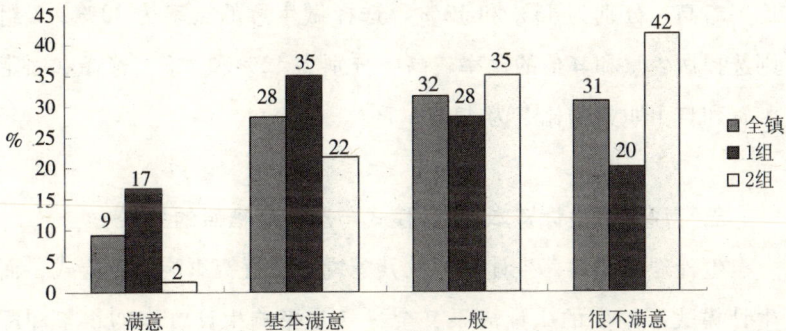

图 10—19　河溪镇居民对家庭收入来源的满意度评价

穷则思变，全镇共有 35% 的调查对象很想改变当前的生计模式，仅有 8% 的人不想改变，另外有 33% 的人暂时没想过，25% 的人回答"不知道"。在相对更穷的 2 组，改变当前生计模式的意愿更强。43% 的调查对象很想改变当前的生计模式，只有 3% 的人不想改变，而相对富裕的 1 组，很想改变当前生计模式的比率是 27%，暂时没想过的比率为 38%，不想改变的为 12%。

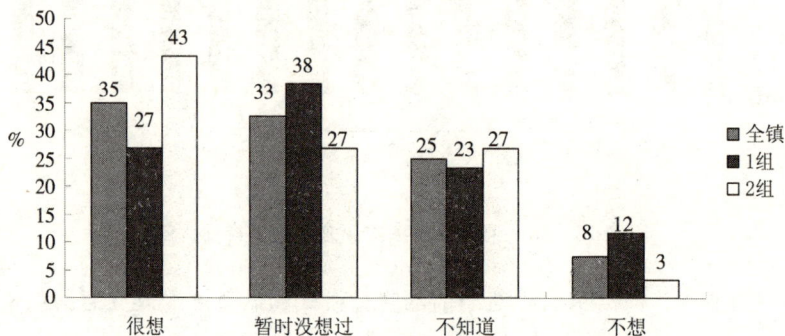

图 10—20　河溪镇居民改变当前生计模式的意愿

河溪镇居民心目中理想的生计模式或者职业是拿固定工资或做生意。被调查对象中有 44% 的人希望能从事拿固定工资的职业，40% 的人选择了做生意，10% 的人希望从事自由职业。在区位条件和经济社会发展水平不同的两地区（1 组、2 组）间，理想的生计模式略有差异。1 组希望从事拿固定工资职业的比率和自由职业的比率略高，分别为 45% 和 13%，选择做生意的比率为 38%；2 组则选择做生意和其他的比率较高，分别为 42% 和 8%，选择拿固定工资和自由职业的比率为 43%、7%。

五　河溪镇生计资本、生计模式与居民幸福感的关系

生计理论认为，生计资本及其配置状况直接影响生计模式，而生计模式下产生的生计成果又会进一步影响生计资本的积累和配置。可见，生计资本和生计模式存在相互作用、相互影响的关系。虽然，幸福感是一种复杂的主观感受，但也离不开基本的物质基

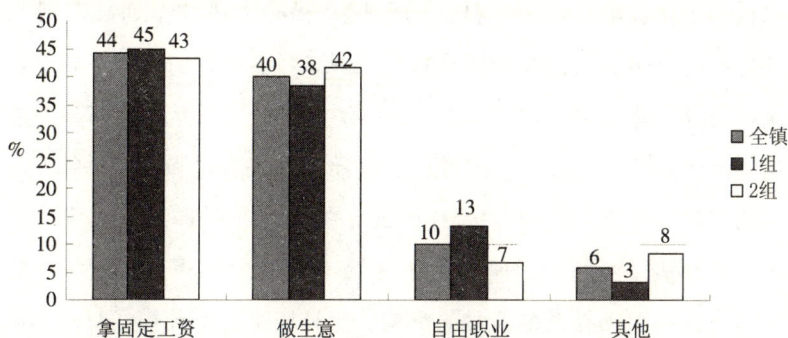

图 10-21　河溪镇居民理想的生计模式选择

础。生计资本、生计模式一方面为幸福创造物质基础，解决低层次的需求问题；另一方面，生计模式本身作为一种生活的方式，农户可以在特定的生计模式中获得诸如成就感、人际关系融洽等精神层面的幸福感。也就是说，生计资本、生计模式是居民幸福感的支撑和来源。生计资本越丰富、生计模式越多元，居民的幸福感将越高。为了验证上述关系，我们对比了河溪镇 12 村（社区）的居民幸福感、生计资本与生计多样性三项指标，如图 10—22 所示。

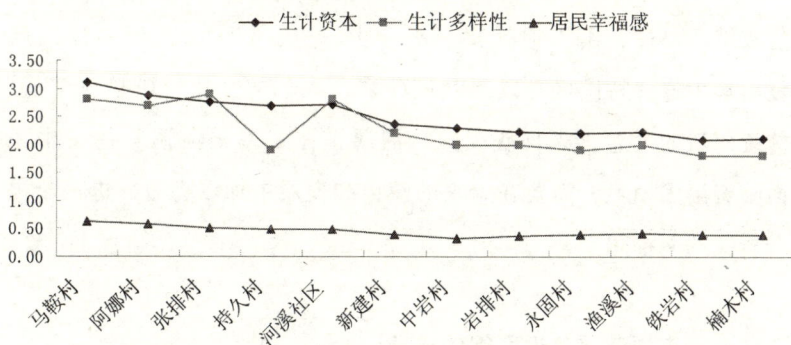

图 10-22　河溪镇居民生计资本、生计模式与幸福感关系图

不难发现，在河溪镇 12 村（社区）中，家庭生计资本得分、生计多样化指数和居民幸福感（肯定性评价比率）三者之间具有较高的相关性。从交通便利、经济社会发展较好的省级新农村建设示范村——马鞍村到交通闭塞、偏远且经济社会发展相对滞后的楠

木村，生计资本、生计多样性与居民幸福感大体均呈递减趋势[①]，并且有两个明显的梯度，即马鞍村、阿娜村、张排村、持久村、河溪社区、新建村等6村（社区）为第一梯度，三者的值都相对较高，而中岩村、岩排村、永固村、渔溪村、铁岩村和楠木村等6村为第二梯度，三者的值都相对较低。并且，在两梯度间，生计资本、生计多样性的差距明显大于居民幸福感的差距。这进一步表明，居民幸福感受更多因素的影响，生计资本、生计模式只是影响居民幸福感的重要因素之一。即便如此，河溪镇的实证仍表明，积累生计资本、改善生计模式是提高居民幸福感的有效途径之一。

第三节　幸福河溪建设：成绩、困境与出路

科学发展观强调发展应以人为本，满足人的可持续发展需要、改善人们的生活质量、提升幸福指数应成为经济社会发展的根本指向。十几年来，河溪镇历届政府以"民生工程"为抓手，"幸福河溪"建设为目标，有效促进了河溪镇经济社会发展，取得了不错的成绩。不过，由于地处集"老、少、边、穷、山"于一体的武陵山集中连片特困区，发展基础薄弱、人们的文化素质整体偏低、传统落后的观念仍未彻底根除，河溪镇在"幸福河溪"建设中还面临着诸多困境，需要在未来的建设和发展中加以克服，进一步提升居民的幸福感。

一　幸福河溪建设取得的成绩

（一）保障民生的社会保障体系不断健全

社会救助、疫病防疫、就业、就读保障体系不断健全，新农保、新农合及失地农民、小集体企业社保工作得到有力推进，民政

[①]　持久村生计多样性指数异常可能与调查时调查对象的选择性偏误有关，前文注释已有说明。

优抚、农村低保和农村特困户救助政策得到落实，新农保、新农合参合率稳定在 80% 以上；民政救助力度不断加大，近五年来，累计发放救济粮 135 吨，救济款 556 万元，救济衣物 28963 件，帮助了 1997 户困难群众渡过生活难关；廉租房建设有序推进，第一期 48 套已建设完成，第二期 96 套、第三期 96 套正在建设中；积极筹划了千套公租房建设工程，使廉租房片区成为河溪镇区的"标志性建筑"，镇区布局不断优化，小城镇辐射能力不断增强。

（二）改善民生的城镇基础设施不断完善

依据城镇总体发展规划，总投资近 1000 万元的雁城街、客运站、镇政府办公楼、文化站大楼、卫生院门诊大楼、社区篮球场已投入使用，河溪新农贸市场、学校路等配套工程正在施工。总投资 1500 余万元新修完成渔溪、铁岩、永固、新建、楠木等村 43 公里村级公路建设，完成中岩、河溪社区、楠木、马鞍、张排、阿娜等村 24 千米村级公路硬化，实现了公路村村通；完成了张排村、河溪社区的饮水改造工作，完成铁岩村、中岩村、楠木村高低压线路改造。抢抓州"整脏治乱"示范点契机，深入开展了"整脏治乱"绿化行动，完成河溪社区池腊坪 1 千米通组道路、楠木村 6.8 千米通村公路以及岩排村 1.4 千米的通组道路硬化工程；完成镇区主干道路路面修复 1000 平方米，铺设沥青道路面积达 8000 平方米；新建垃圾围 30 处；垃圾中转场 2 个，更换垃圾收集桶 500 个，配备垃圾收集车、洒水车各 1 辆；完成常吉高速"吉首东"出口绿化，栽植丹桂、红叶石楠、桃树、雪松、海桐球、银杏等绿化大苗 2000 余株，种植马尼拉草皮 1900 平方米；沿 G319 国道沿线新建标准化 LED 高杆路灯 54 盏，简易 LED 路灯 39 盏；配合相关职能单位拆除违规搭建雨棚 22 户，完成标准化遮雨棚 800 平方米。截至 2012 年底，全镇有线电视普及率均达到 90%，每百人程控电话增加到 42 部，城镇居民生活条件明显改善。

（三）服务民生的惠民利民工程不断落实

正月十五"钢火烧龙""六月六龙舟赛"等特色民俗文化活

动、清明节干部群众到麻扎鱼梁烈士公墓扫墓活动持续举办，促进了地方精神文化事业发展。河溪镇筹集资金 167.5 万元，新建了河溪中心完小住宿楼、体育场，硬化河溪中学进校道路 1.3 千米，积极推动河溪中学校区改造建设，进一步改善了办学条件；强化"控辍保学"措施，保持了小学入学率 99.7%、中学入学率 98%，教育"两基"工作成效明显。大力推进新型农村合作医疗和城镇居民医保等工作，100% 兑现参合补助金，切实解决了农村群众和城镇居民看病难、看病贵，因病致贫、因病返贫问题；完成了全镇 14 个卫生室改建和镇中心卫生院扩建工作并通过验收。乡镇各项日常工作井然有序。河溪镇以稳定低生育水平、提高人口素质为核心的计划生育工作连续三年获湘西州荣誉称号；河溪镇不断完善综治管理、完善社会治安防控体系、构建管理长效机制，近五年来共妥善解决了各类矛盾纠纷 851 起，调解成功率达到 98%，基本做到了重大矛盾不出乡镇，河溪镇 2012 年被评为湘西州社会综合治理先进单位；坚持抓好道路及安全生产等重点领域的专项整治，遏制了重特大事故的发生，确保安全生产形势持续稳定，五年来，全镇没有发生一起重特大交通事故，多次获得湘西州、吉首市"安全生产先进乡镇"称号，2012 年获得"湖南省最具民生幸福感乡镇"称号。

表 10—12　　　河溪镇近 5 年来获得各种奖励一览表

序号	奖　项	年份
1	湘西州人口计划生育工作优质服务先进单位	2008
2	湘西州安全生产先进单位	2008
3	湖南省安全生产示范乡镇	2009
4	湘西州人口和计划生育工作模范单位	2009
5	湖南省平安农机示范乡（镇）	2010
6	农村基层党风廉政建设先进单位	2010
7	湖南省"六好"乡镇（街道）工会	2010
8	湖南省民主法治示范村	2010

续表

序号	奖 项	年份
9	湘西州计划生育村（居）民自治工作先进单位	2010
10	消防工作先进单位	2010
11	湘西州流动人口和计划生育服务管理"一盘棋"工作先进单位	2010
12	湘西州人口计划生育工作先进单位	2010
13	党报党刊发行先进单位	2010
14	吉首市组织工作先进单位	2010
15	吉首市教育两项督导评估考核先进单位	2010
16	安全生产一等奖	2010
17	吉首市人口计划生育工作先进单位	2010
18	吉首市森林防火工作先进单位	2010
19	吉首市就业和社会保障工作目标管理优良单位	2011
20	吉首市文明建设先进单位	2011
21	新型农村合作医疗工作先进单位	2012
22	吉首市直建整扶贫与计划生育相结合工作先进单位	2011
23	湘西州人口和计划生育工作先进单位	2011
24	湘西州人口和计划生育工作先进单位	2012
25	湘西州社会治安综合治理先进单位	2012
26	湖南省最具民生幸福感乡镇	2012

二 幸福河溪建设面临的困境

虽然河溪镇在"幸福河溪"建设得到了初步的肯定，获得了"湖南省最具民生幸福感乡镇"的荣誉称号，但从我们对河溪镇居民幸福感调查、生计资本和生计模式调查的结果来看，"幸福河溪"建设仍存在一些不足、面临如下急需突破的困境。

（一）居民幸福感总体评价有待提高且区域差距明显

河溪镇居民总体幸福感的肯定性评价比率仅为 45.07%，即在幸福感的所有评价指标中，居民给出满意和较满意评价的比例不到一半。在全镇 12 个村（社区）中，仅有马鞍村、阿娜村和张排村 3 个靠近吉首市的村居民对幸福感的肯定性评价比率高于 50%，并且，在全镇中基本形成了以 G319 国道贯穿的 6 村或社区（马鞍村、阿娜村、张排村、持久村、河溪社区、新建村）为中心，以地理偏远、交通闭塞的 6 村（中岩村、岩排村、永固村、渔溪村、铁岩村、楠木村）为外围的"中心—外围"空间结构，处于中心地区的各村（社区）居民幸福感总体高于外围地区各村，呈现出明显的梯度差异。而在居民幸福感调查的 4 个维度中，除人际关系维度肯定性评价比率较高以外，收入消费、生活条件和身心健康 3 个维度的肯定性评价都偏低，特别地，收入水平不高、收入满意度和就业满意度低是导致收入消费肯定性评价比率不高的原因，医疗服务和住房条件较差且不平衡则影响了生活条件维度的肯定性评价，身心健康维度，事业信心、成就感和自信程度不高、业余生活较为单一则是主要的制约因素。

（二）家庭生计资本有限且空间分布不平衡

河溪镇农户家庭生计资本得分整体不高，为 2.471 分，不到理想值的 1/2。其中，社会资本、金融资本和物质资本是主要的制约"瓶颈"，这一结论与通常人们所认为的欠发达地区主要为自然资本和人力资本制约型并不完全一致。事实上，欠发达地区的自然资本、人力资本不充裕，但社会资本、金融资本和物质资本可能更稀缺。空间上，马鞍村、阿娜村、张排村、持久村和河溪社区的生计资本得分均在 2.5 分以上，超过了理想值的一半，而新建村和交通闭塞的 6 村的家庭生计资本得分都在 2.5 分以下，和居民幸福感肯定性评价一样，家庭生计资本也呈类似的"中心—外围"结构。此外，除马鞍村以外，其余 11 村（社区）生计资本中 5 类资本的得分也很不均衡，即协调程度低。社会资本和物质资本的极差达到 0.3 分以上，金融资本、人力资本和自然资本的极差也在 0.2 分以上。除楠木村家庭生计资本的"短板"为物质资本以外，其余 11

村（社区）的"短板"均为社会资本。

（三）家庭生计模式较为单一且满意度低

河溪镇居民家庭生计多样性指数均值为2.2，即家庭收入平均只有2.2个来源渠道，这意味着河溪镇居民家庭生计模式、收入来源渠道较为单一。其中，处于中心地区的6村（社区）多样化指数为2.6，明显高于处于外围地区6村的1.9，也表现出明显的"中心—外围"梯度差异。此外，河溪镇居民生计来源中高等级、高稳定性收入来源渠道严重不足，因而，河溪镇居民生计模式抗风险能力不强。对当前生计模式满意度的调查结果表明，73%的居民对当前的生计模式不够满意，35%以上的居民很想改变当前的生计模式，80%以上的居民认为理想的生计模式是从事拿固定工资和做生意等收入稳定、收入较高的职业。值得强调的是，河溪镇单一的生计模式弊端已有所凸现，如作为"湖南省新农村建设示范村"的马鞍村的主导产业为椪柑产业，农户的主要生计来源即销售椪柑，近年来，椪柑产业不景气、价格下跌明显，马鞍村居民的生计受到严重挑战。

三　幸福河溪建设：下一步的思路和对策

"罗马非一日建成"，"幸福河溪"建设依然任重道远，但前进的号角已经吹响，向最具民生幸福感乡镇进军已成为河溪人们共同的信念。那么，河溪镇在"幸福河溪"建设的下一步中应该采取怎样的思路和对策呢？基于河溪镇在"幸福河溪"建设中已取得成绩及面临的困境，本研究建议河溪镇在下一步"幸福河溪"建设中采用如下思路和对策。

（一）思路

河溪镇紧邻湘西自治州州府吉首市，常吉高速互通口"吉首东"位于镇内阿娜村，G319国道贯穿其中6个村（社区），交通区位总体较好。"工业富镇，产业富民，科技强镇，教育兴镇"的总体发展战略已经明确，"一廊三组团"工业格局和"中心—外围"的总体空间格局初现雏形。中心地区经济社会发展已具备一定的基础，且全镇人口总量不大。基于这一现实区情，本研究认为，河溪镇应抢抓国家武陵山片区区域发展与扶贫攻坚战略实施中吉首市作为中心极加快发展的机遇，利用自身良好的区位条件、资源条件和工业基础，积极对接吉首市城市建设和功能分区规划，以"工业富镇，产业富民，科技强镇，教育兴镇"的幸福河溪建设为总体目标，以"一廊三组团"为空间载体，加大招商引资力度、实施移民搬迁工程，走"人口集中、产业集聚和土地集约"的工业镇、生态镇和幸福镇发展道路。

（二）对策建议

为了加快"人口集中、产业集聚和土地集约"发展，提升居民幸福感总体水平、消除居民幸福感的空间差距，河溪镇应采取以下对策：

1. 继续优化和落实空间规划，实施移民搬迁工程。河溪镇的自然地理条件和人文发展基础表明，河溪镇形成"中心—外围"的空间格局将是不可逆转的趋势。顺应这一客观趋势，重点和优化发展 G319 国道贯穿且与吉首市毗邻的 6 村（社区），将其作为全镇经济社会发展的主要空间载体，在已有的"一廊三组团"工业格局规划基础上，继续优化、细化规划，将其发展成为河溪镇人口集中区、产业集聚地。虽然河溪镇制定了《吉首市河溪镇总体规划》，但这一规划本质上仍只是一个土地使用规划、基础设施规划和环境管制规划，并没有进行详细的产业发展部署，也没有充分考虑经济社会发展的空间演变规律。因而，河溪镇有必要对现有的《总体规划》进行修订和完善，并特别强调以下两方面：一是进一步具体化"一廊三组团"工业区的产业发展规划，回答"聚集什么产业、如何集聚产业、产业发展目标与定位"等一系列问题，在现有的土地规划、基础设施规划和环境管制规划基础上突出经济、产业的主体性；二是打破传统的基于现有人口分布进行规划的静态思维，树立着眼于未来人口流向进行规划的动态理念。河溪镇人口总量不大，区位和自然条件有较大差距，边缘地区人口随着经济社会的发展向中心地区集聚是不可逆转的趋势，但在短期内，搬迁成本、生计模式、传统观念等制约了边缘地区居民的搬迁意愿。如果着眼于短期人口分布进行基础设施建设规划，不仅造成有限公共资源的浪费而且可能对环境造成不可逆转的破坏。因而，河溪镇在制定总体发展规划方面，应将公共资源继续向中心地区倾斜，并且制定有序的、详细的边缘地区居民搬迁和安居规划，通过政府补贴分担搬迁成本、提供就业岗位改变生计模式、宣传教育启迪思想观念，加大边缘地区居民移民搬迁力度，促进人口向河溪镇中心地区集中。

2. 加大招商引资力度，加快产业升级转型。资本缺乏是河溪镇产业发展和升级转型的主要"瓶颈"。一方面，河溪镇作为湘西自治州、吉首市的工业强镇已有一定的产业发展基础，年工业总产值达到3亿元的规模，规模以上工业企业10多家，但相对于发达地区的工业强镇而言，规模仍然太小，竞争力不强，产业富民效应十分有限；另一方面，河溪镇原有产业多面临着"不升级、不转型，必死亡"的严重挑战。如椪柑产业曾是马鞍村、张排村、持久村等村的支柱产业，特别是马鞍村，椪柑产业使家家户户住上了新房、改善了村内基础设施，使马鞍村成为"湖南省新农村建设示范村"，然而，如今椪柑产业因没有及时升级和转型，市场不景气，村民对该产业已失去信心，大片的椪柑林任其自生自灭。出现"产业真空"的马鞍村面临持续发展的严重挑战。因此，河溪镇必须加大招商引资力度，按照产业发展规划，充分挖掘和宣传自身在交通区位相对便利、水利电力资源丰富、工业用地成本相对较低、拥有"西部地区、连片特困地区、民族地区"多重政策优惠的优势，进行招商引资政策创新，一方面，不断增加"一廊三组团"工业集聚区的企业数量，充实工业集聚区产业规模，强化产业集聚区的产业吸引能力、产业竞争能力、就业带动能力和致富实现能力，使河溪镇真正发展成为工业强镇，成为吉首市工业发展的重要支撑点、增长点和河溪镇居民致富的引擎；另一方面，通过招商引资对河溪镇边缘村、产业急需升级转型村的已有产业进行升级改造、转型，使已有产业恢复活力和竞争力，如建立以椪柑为原料进行深加工的企业，实现椪柑的就地加工增值，对"产业真空"村适当开发特色产业，如在生态资源独特、交通便利的村寨开发城市休闲生态旅游等。

3. 积极推进退耕还林，发展生态富民产业。生态资源是湘西地区，也是河溪镇的宝贵财富，在发展的同时保持良好的生态环境既是可持续发展、科学发展观的客观要求，也是吉首市打造"生态城市"的应有之义。根据"人口集中、产业集聚、土地集约"的"中心—外围"空间布局发展思路，一方面，河溪镇在重点发展的"一廊三组团"的 6 村（社区）时，既要加大招商引资力度、促进产业集聚发展，同时也要严把环保审查关，提高进入门槛，杜绝高污染企业进入，对有一定污染的企业也要进行严格的污染监控和污染治理；另一方面，对处于边缘地区的 6 村则要加大移民搬迁、退耕还林激励力度，通过中心地区产业尤其是工业发展提供的就业岗位吸引边缘地区的村民移民，改变边缘地区村民严重依赖土地的传统生计模式，在实施移民搬迁工程的同时，因地制宜地进行生态富民产业开发，如特色经济林种植、特色农产品种植、特色禽类产品养殖和加工、特色生态旅游开发等，让少数不愿移民的村民也能够通过各种生态型产业实现致富。总体而言，在空间功能划分上，河溪镇中心 6 村（社区）以承载经济社会发展功能为主，但要守住"生态底线"，河溪镇外围 6 村为全镇和吉首市重要的生态涵养区，以最大化生态效益为目标。

4. 弘扬传统文化，丰富业余生活，培育社会资本。幸福河溪建设除了物质基础、环境建设的支撑外，精神生活建设也必不可少。河溪镇是少数民族地区，而且历史悠久，传统民族文化丰富多彩，是村民们重要的精神食粮，同时，河溪镇历来民风淳朴、邻里和亲朋间来往较多，传统的以血缘、地缘为基础的社会网络保持较好，是社会资本的重要源泉。不过，改革开放以来，受外部环境的影响，传统文化被快餐式的大众娱乐文化所取代、传统的社会网络也遭到不同程度的破坏，造成了目前传统文化被边缘化、社会资本存量下降的尴尬局面。近几年来，河溪镇虽在传统文化弘扬和继承方面做出了不少努力，如正月十五"钢火烧龙""六月六龙舟赛"等特色民俗文化活动的举办等，但让传统文化进入老百姓的日常生活，丰富其业余生活还需进一步加强。一方面，在社会资本维护和培育方面需加大力度；另一方面，要继续发扬传统的基于血缘、地缘关系的社会资本的优点，同时，要引导居民培育非熟人社会下基于契约关系、正式制度的社会资本，双管齐下地培育和提升居民的社会资本。

附录6

河溪居民幸福感调查问卷

河溪镇居民幸福感调查表

您好！我们是湖南省吉首市河溪镇国情调研课题组的成员。我们正在进行一项关于幸福感的调查，本次调查是一次国情调研，没有其他的商业目的，绝不涉及您的个人隐私。本次调查中题目均为单选题，请您结合自身的实际状况，协助我们完成此次调查。衷心感谢您在百忙之中对我们课题组的支持与配合！

河溪镇国情调研课题组

性别：□男　　□女

年龄：□18 岁以下　　　□18—44 岁　　　□45—59 岁　　　□60 岁以上

您所从事的职业_____

一　生活条件篇

1. 您感觉我镇的社会治安状况怎么样？

　A. 治安非常好　　　B. 治安比较好

　C. 治安还过得去　　D. 治安有点乱

　E. 治安非常乱

2. 在日常生活中,您觉得出行方便吗?

　　A. 非常方便　　B. 比较方便　　　C. 还可以　　　D. 很不方便

3. 您觉得我镇的空气质量如何?

　　A. 优　　　　B. 良　　C. 一般　　D. 较差　　E. 非常差

4. 您所处的村(社区)卫生条件如何?

　　A. 很好　　　　B. 较好　　　　C. 一般　　　　D. 有待改善

5. 您所在社区的配套设施是否齐全?

　　A. 非常齐全　　　B. 比较齐全　　　C. 一般　　　D. 有待完善

6. 您家目前的住房条件怎么样?

　　A. 住房条件非常好　　　B. 住房条件比较好

　　C. 住房条件一般　　　　D. 住房条件比较差

　　E 住房条件非常差

7. 您觉得我镇的医疗服务的现状如何?

　　A. 医疗服务完善,价格合理

　　B. 医疗服务比较好,价格比较合理　　　C. 一般

　　D. 医疗服务不完善,有很大进步空间

　　E. 非常不好,收费较贵

二　家庭、人际关系篇

8. 您和家人的关系怎么样?

　　A. 非常融洽　　　　　　　B. 比较融洽

　　C. 一般,有点小矛盾　　　D. 比较紧张

9. 您和朋友的关系怎么样?

　　A. 非常融洽　　　　　　　B. 比较融洽

　　C. 一般,有些小矛盾　　　D. 比较紧张

10. 您和邻居之间的关系怎样?

　　A. 经常来往　　B. 偶尔来往

　　C. 很少来往,只是见面打招呼

　　D. 互不往来,都不熟悉

11. 您和同事之间的关系怎样?

    A. 非常融洽   B. 比较融洽

    C. 一般,有些小矛盾   D. 关系比较紧张

    E 关系非常紧张

三　身心健康篇

12. 您的身体状况如何?

    A. 优秀   B. 良好   C. 一般   D. 较差

13. 您觉得自己是个什么样的人?

    A. 非常自信   B. 比较自信   C. 说不清楚

    D. 比较自卑   E 非常自卑

14. 您觉得生活上的压力大吗?

    A. 非常大   B. 比较大   C. 比较适中

    D. 比较小   E. 没有压力

15. 您觉得您在事业上的发展前途如何?

    A. 非常有信心   B. 比较有信心   C. 平平淡淡

    D. 比较没信心   E 非常没信心

16. 您在工作上有成就感吗?

    A. 非常有成就感   B. 比较有成就感   C. 感觉一般

    D. 比较没成就感   E. 非常没成就感

17. 您的睡眠状况如何?

    A. 睡眠质量非常好   B. 比较好

    C. 一般   D. 经常失眠

18. 你觉得自己的社会适应能力怎么样?

    A. 非常好   B. 比较好   C. 一般   D. 很差

19. 您的业余生活状况是?

    A. 丰富多彩   B. 比较丰富   C. 一般   D. 枯燥无味

20. 总体来讲,您对生活的态度怎样?

    A. 非常乐观   B. 比较乐观   C. 没感觉

D. 比较悲观   E. 非常悲观

四 收入与消费篇

21. 您的月收入是多少？

　　A. 2000 元以下　　　　B. 2000—3000 元

　　C. 3000—5000 元　　　　D. 5000 元以上

22. 您对自己目前的收入满意吗？

　　A. 非常满意　　　　B. 比较满意　　　C. 说不清

　　D. 比较不满意　　　　E. 非常不满意

23. 您觉得我镇当前的物价水平如何？

　　A. 高，难以接受　　　B. 勉强可以接受

　　C. 可以接受　　　　D. 一般

24. 您对现在的就业状况感觉怎么样？

　　A. 很满意　　　　B. 满意　　　　C. 一般

　　D. 不满意　　　　E 很不满意

五 自答题

您觉得幸福的主要来源是什么？

附录 7

河溪居民生计资本与生计模式调查问卷

河溪镇农户生计资本与生计模式调查表(农户)

您好!本项调查是课题《向最具民生幸福感乡镇进军》研究中"河溪镇篇"的重要内容,调查结果仅用于学术研究,通过调查河溪镇各村代表性农户生计资本、生计模式和生计输出的情况,为后续研究提供基础数据。请您在百忙之中,花点时间,认真回答如下问题。问题的答案无所谓对错,重要的是合乎您的真实情况和想法。

感谢您的支持与合作!

河溪镇国情调研课题组

一 生计资本状况调查

(一)人力资本

1. 您家里有几口人?

2. 您家里学龄前儿童有几人?

3. 您家里有受教育阶段儿童、青少年几人?

4. 您家里待业或赋闲在家的青少年有几人?

5. 您家里有打工青年几人?

6. 您家里成年人有几人？

7. 您家里 60—75 岁老年人有几人？

8. 您家里 75 岁以上的老年人有几人？

9. 您家里丧失劳动能力者有几人？

10. 您家里 18—60 岁年龄段的成员中的受教育程度分别是：文盲（　）人、小学（　）人、初中（　）人、高中或中专（　）人、大专（　）人、大学本科及其以上（　）人。

（二）自然资本

11. 您家里有耕地面积多少亩？

12. 您家里有林地（山地）面积多少亩？

13. 您家里有坑塘面积多少亩？

14. 您家里耕地质量如何：非常好（　）、比较好（　）、一般（　）、中下等（　）、下等（　）。

15. 您家里林地质量如何：非常好（　）、比较好（　）、一般（　）、中下等（　）、下等（　）。

（三）物质资本

16. 您家的住房类型是：混凝土结构（　）、砖瓦结构（　）、砖木结构（　）、土木结构（　）、其他（　）。

17. 您家人均住房面积是：50 平方米及以上（　）、30—50 平方米（　）、20—30 平方米（　）、10—20 平方米（　）、10 平方米以下（　）。

18. 您家住房建筑年限是：5 年以内（　）、5—10 年（　）、10—20 年（　）、20—30 年（　）、30—50 年（　）、50 年以上（　）。

19. 您家里拥有的资产、设备、耐用消费品等情况。（　　）

A. 农用车辆

B. 农用机械（抽水机、收割机、打米机）

C. 小汽车（含摩托车、三轮车）　　　　D. 彩电

E. 冰箱　　　　　　　　　　　　　　　F. 洗衣机

G. 空调   H. 组合家具

I. 热水器   J. 手机/座机

K. 产业基地（大棚、养殖场等） L. 经营店面

20. 您对基础设施和公共服务的满意情况：

（1）买卖种子、化肥等农用物资方面程度：满意（ ）、不满意（ ）

（2）医疗卫生条件：满意（ ）、不满意（ ）

（3）道路交通设施：满意（ ）、不满意（ ）

（4）儿童受教育条件：满意（ ）、不满意（ ）

（四）金融资本

21. 您家里年均的现金收入大概是多少元？

22. 您家里借钱（向银行和亲戚朋友借）难易程度的评价：很难（ ）、难（ ）、一般（ ）、容易（ ）。

23. 您家每年从政府获得农业等补贴是多少？

24. 您家每年能获得政府的救助资金是多少？

（五）社会资本

25. 您觉得家里在急需钱的时候能够得到乡亲们的支持吗？能且较容易（ ）、能但比较难（ ）、很难得到（ ）

26. 您家有重大决策时会得到乡亲们的帮助和支持吗？经常会（ ）、偶尔会（ ）、不会（ ）

27. 您家会和邻里间进行劳动力互助吗？经常（ ）、偶尔（ ）、不会（ ）

28. 您家和村干部关系如何？很好（ ）、好（ ）、一般（ ）、不太好（ ）

29. 您家和邻里的关系如何？很好（ ）、好（ ）、一般（ ）、不太好（ ）

30. 您家和亲戚的关系如何？很好（ ）、好（ ）、一般（ ）、不太好（ ）

31. 您家里有人任村干部吗？有（ ）、没有（ ）

32. 您家加入了农村合作社等村级组织吗? 有 (　　)、没有
(　　)

33. 您家有经常联系的亲戚在城镇定居吗? 有 (　　)、没有
(　　)

二　生计模式状况调查

34. 您家的收入来源渠道有: (　　　)

A. 卖粮菜　　　　　　　　B. 卖畜禽

C. 卖果品　　　　　　　　D. 外出打工(含本地打工)

E. 做生意 (含经营农家乐)　F. 固定工资收入

G. 政府救助、补贴　　　　H. 亲戚送

I. 其他来源

35. 上述收入来源渠道中, 排前三位的是 (按高到低排序):
(　　　), 各自的占比分别是 (　　　)

36. 您家庭成员中的职业类型有: (　　　)

A. 公务员　　　　　　　　B. 企业主

C. 教师　　　　　　　　　D. 做生意

E. 跑运输　　　　　　　　F. 打工

G. 务农　　　　　　　　　H. 其他

37. 您对家里目前这种获取收入的方式满意吗? (　　　)

A. 满意　　　　　　　　　B. 基本满意

C. 一般　　　　　　　　　D. 很不满意

38. 您想改变当前的生计(经营)模式吗? (　　　)

A. 很想　　　　　　　　　B. 暂时没想过

C. 不知道　　　　　　　　D. 不想

39. 您理想中的生计模式是什么? (　　　)

A. 拿固定工资　　　　　　B. 做生意

C. 自由职业　　　　　　　D. 其他

后　记

湘西，一个神秘而美丽的地方。这里山清水秀，这里物产丰富，这里人杰地灵。在沈从文的文字里、在黄永玉的水墨丹青中，湘西都散发出其独有的韵味。

受自然条件的限制和其他因素的影响，湘西经济发展相对滞后，曾经的繁盛湮没在历史的烟尘中。1999 年，国家启动西部大开发战略，湘西作为湖南省唯一进入国家西部大开发地区，成为重点开发地区和扶贫攻坚的主战场，得到了资金和项目上的诸多政策倾斜与优惠，湘西重新展现出它的异彩。

位于湘西吉首市东南部的河溪镇是湘西自治州 22 个工业强乡强镇之一。它以优美的环境、特色的产业、鲜明的地域文化和人民幸福指数高等特点，成为湘西唯一入围参评"湖南省最具民生幸福感乡镇"。

借着中国社会科学院"百镇调查项目"这一机会，中国社会科学院经济研究所与吉首大学连片特困区研究团队以河溪镇为蓝本，从农业、工业、旅游业、新型城镇化建设、新农村建设、政府机构改革以及民生幸福感等方面探究了河溪镇的经济社会发展的方方面面。

本课题的调研工作由中国社会科学院经济所李仁贵研究员、吉首大学教务处处长冷志明教授共同主持，吉首大学商学院丁建军副教授负责课题组的沟通与协调工作。吉首大学商学院丁建军、彭耿、龙海军、张琰飞、张怀英、吴雄周、李湘玲、王永明、王美霞等教师参与调研并撰写出报告初稿，丁建军还组织了"居民幸福感"的问卷调查和分析工作，王泳兴、杨宗锦、欧阳卉、殷强等也参与课题组的部分调研工作。最后，由李仁贵负责课题总报告的统稿和定稿工作。

本课题在调研过程中得到了河溪镇镇政府工作人员以及各村负责人给予的大力支持。他们分别是河溪镇党委书记杨昌松，镇长吴飞，副镇长欧阳国强、龚姜英、罗齐超，镇人大主席龙志良、副主席李生军，镇纪委书记王群、副书记朱长银，镇武装部长李岚林，镇综治办主任王海洲等。正因为他们的竭诚合作，我们的调研工作得以顺利开展，在此，我们课题组表示衷心的感谢。

当然，由于能力和水平有限以及时间仓促，此项调研工作一定存在着诸多考虑不周之处，敬请读者批评指正。